KB055442

불온한 독서

불온한 독서
자유롭고 독립적인 인간의 길

아거 지음

Holy
WavePlus

불혹, 불온을 꿈꿀 나이

흐르는 자에 대한 갈증

서른이 지나간 청춘을 그리워하는 나이라면, 마흔은 앞으로 살아갈 날들을 그리워하는 시기다. 적어도 내게는 그렇다. 내 나이 마흔 즈음 갈증이 생겼다. 슈테판 츠바이크의 말을 빌리자면 '자유롭고 독립적인 인간'이, 마루야마 겐지의 말을 빌리자면 '흐르는 자'가 되고 싶었다. 더는 어딘가에 예속되고 싶지도 않았고, 누구로부터 지시나 명령을 받고 싶지도 않았다. 30대, 10년 동안이면 충분하다 생각했다.

　그런데 이런 생각을 품는 일은 부양해야 할 가족이 있고 당장 이번 달 월급이 나오지 않으면 여러모로 곤란해질 나에게는 위험한 것일 테다. 그럼에도 나는 그런 생각을 쉽게 잠재우지 못했다. 마흔이 된 모든 이가 이런 생각을 하지는 않으리라. 그러나 아마 내 동년배 중 상당수는 사춘기와 같은 날들을 보냈거나, 보내고 있거나, 보낼 것이라 생각한다. 근거는 없지만 지난 세월처럼 앞으로도 똑같이 사는 것에 불만을 가진 이들이 분명 있을 것이다.

난 이런 내 생각을 '불온'이라 규정한다. 불온의 사전적 정의는 '온당하지 않음, 사상이나 태도 따위가 통치 권력이나 체제에 순응하지 않고 맞서는 성질이 있음'이다.

엄밀히 말해 자유롭고 독립적인 인간이 되고자 하는 것 자체는 불온이 아니다. 이는 오히려 적극적으로 권장해야 하는 태도다. 그러나 이 사회에서 그런 자유롭고 독립적인 인간은 불편한 존재다. 개인보다는 조직을 앞세우는 조직 논리에 순응하고, 말 잘 듣는 모범생을 원하는 게 이 사회다. 내 의견을 묵살하는 직장 상사나 학교 선생에게 똑 부러지게 내 주장을 펴면 자유롭고 독립적인 인간이라고 이해되기보다는 버릇없거나 '싸가지'가 없다고 여겨지는 게 이 사회다.

개인에게 인간으로서의 권리보다는 '국민'으로서의 의무와 책임을 먼저 요구하고, 국가 권력이 국가 폭력으로 쉽게 변질되는 곳이 이 사회다. 나와 생각이나 성 정체성이 다르다는 이유로 다수가 소수를 억압하는 것이 너무나 익숙한 일이 되어버린 곳이 이 사회다. 누군가를 밟고 올라서는 데, 1등부터 꼴등까지 일렬로 줄을 세우는 데, 어릴 때부터 같은 반 친구를 친구라기보다는 경쟁자로 인식하는 데 익숙해지도록 만드는 게 이 사회다. 다름을 인정하는 대신 '틀림'으로 인식하고, 나와 다른 사상이나 생각을 가진 이들을 억압하는 게 이 사회다.

이런 사회에서 '자유롭고 독립적인 인간'을 꿈꾸는 것은 말 그대로

'사상이나 태도 따위가 통치 권력이나 체제에 순응하지 않고 맞서는' 일이 된다. 이 사회가 원하는 인간상이 아니기 때문이다. 이것이 내가 품은 생각에 스스로 '불온'이란 딱지를 붙이게 된 이유다.

순응으로 위장된 순종과 복종

이 사회는 자유롭고 독립적인 인간을 원치 않는다. 어릴 때부터 이루어지는 교육도 민주적인 시민을 기르기보다는 말 잘 듣고 권위에 순응하거나 복종하는 '국민'을 키우는 일에 집중되어 있다. 권위를 가진, 아니 엄밀히 말해 권력을 가진 누군가의 생각에 반대하는 태도의 '싹'을 제거하고 오로지 입시 공부에 몰두하게 만드는 게 이 나라 교육의 목표다. 스스로 자식을 '사랑'한다 여기는 부모도 이런 교육 방식에서 벗어나지 못한다. 아니 오히려 이에 더욱 앞장서고 있다.

학교를 졸업하고 사회에 나오면 또 어떤가? 폐쇄적이고 억압적인 군대에 다녀온 남자들은 순응에 쉽게 길들여진다. 순응하고 순종하고 복종하는 것이 별 탈 없이 군에서 제대할 수 있는 조건이다. 저항과 반발은 금기다. 오로지 복종과 복종을 위한 눈치 살피기만이 살길이다. "군대 갔다 오면 사람 된다"는 말은, 군대에서 사회에 적응하는 방법을 깨치기 때문에 하는 말이다. 이 사회에서 적응은 권위에 복종하느냐 아니냐에 달린 문제고 직장생활도 이와 별반 다르지 않다.

첫 직장에서 나는 직장 생활이 군대와 별 다를 게 없다는 걸 체험했다. 다소 자유롭다고 여겨지던 직업이고 직장이었지만 그곳은 군대의 축소판이었다. 위에서는 아랫사람을 찍어 내리는 걸 당연시했고, 아래에서는 윗 사람이 찍어 내리는 것을 당연시했다. 어떤 경우든 직장 상사의 명령과 뜻에 따라야 했고, 부하 직원과 의견을 주고받으며 민주적으로 일을 해나가는 직장 상사는 오히려 독특한 존재라 여겨졌다. 권위주의를 앞세워 '나만 옳고 똑똑하다'는 식으로 부하 직원을 대하는 사람이 압도적으로 더 많았다. 직장을 옮겨도 상황은 비슷했다. 조직 앞에서 개인은 한없이 작아질 수밖에 없었고, 그것이 바로 직장생활의 생리였다.

국가 역시 그런 식으로 운영되고 있는 듯했다. 내가 하면 모두 따라야 한다는, 하면 된다는 식의 일들이 횡행했다. 분명 민주주의 사회임에도 민주적으로 처리되지 않는 일들이 너무도 많았다. 표현의 자유, 집회 시위의 자유, 결사의 자유는 헌법에만 보장되어 있을 뿐 실생활에서는 무수히 많은 탄압을 받았다. 과거 독재시대의 유산으로 여겨졌던 일들이 반복되고 있었다. 그리고 사람들은 이에 순응하고 있었다. 아니 순응으로 위장한 순종과 복종을 되풀이하고 있었다.

이 악순환의 고리를 끊고 싶었다. 그렇게 생각하게 된 계기가 있었다. 2012년 12월 난 처음으로 이 세상에 순응해 사는 것에 회의를 느꼈다. 새누리당의 박근혜 후보가 대통령에 당선됐다는 사실 때문만은 아니었다. 이명박 정권 하에서 숱한 부조리와 비리를 목도했음에도 이를 뒤집지 못한 사람들에 대한 실망이 잦아든 후 과연 원인이 무엇인지를 생각했다. 그 이유가 무관심이든 순응이든 아님 세상 별거 있냐는 지독한 불신이든 사람들은 분명 지금의 현실에 머무르고 있었다. 당연하지 않은 것을 당연시하고 있었다.

 그런 생각이 꼬리에 꼬리를 물고 이어지던 찰나, 나 역시 그와 별반 다르지 않음을 깨달았다. 나 역시 체제에, 사회통념에, 세상 살아가는 이치란 것에 순응하며 살아가고 있었다. 말로는 부당하다, 부조리하다 했지만 행동은 남들과 다르지 않았다. 무엇보다 참을 수 없었던 것은 앞으로도 계속 그렇게 살 것만 같다는 사실이었다. 이대로라면 직장 생활하고, 돈 벌고, 세상 돌아가는 일을 적당히 무시하며, 나만 잘 살면 된다고 생각하면서, 남들처럼 자녀 교육에 몰두하여, 나뿐만 아니라 우리 아이들도 이 세상에 순응하는 사람으로 만들어가면서 살 것만 같았다. 그런 미래가 끔찍했다. 그간 한 번도 앞으로의 인생을 설계하거나 계획해보지 않았고, 그럴 필요도 없다고 생각했는데, 이제는 적어도 어떻게 살아야 한다는 일정한 방향성은 있어야 한다고 느꼈다.

그때 마침 불복종자들을 만났다. 세상에 맞서는 자유롭고 독립적인 인간, 흐르는 자가 되고자 했던 인간을 책을 통해 만났다. 스스로 자유롭되 오만하지 않은 자들로부터 삶이란 무엇인지, 어떻게 살아가고 어떻게 사람들과 호흡하며 우리를 옭아맨 모든 부당한 권력과 폭력에 어떻게 맞서 싸워야 하는지를 배우고 싶었다.

그들이 풀어놓은 글은 아팠다. 외면하고 싶은 현실을 직시한지라 읽으면서도 '어떻게 저럴 수가 있나'란 말을 수차례 되뇌어야 했다. 하지만 외면할 수는 없었다. "아름답지 않은 세상에, 아름다운 말로만 쓰인 책은 모두 쓰레기다. 거짓 세상에서는 불온한 책을 읽어야 한다"는 글귀를 기억하며, 난 그들의 글과 사상을 읽어갔고, 계속해서 그들로부터 무언가를 배우고 싶었다.[1]

불온, 스스로에게 존엄을 부여하는 방법

사실 지금 돌이켜보면 어리석은 생각이었다. 내 삶의 방향을 스스로 사

---

1 문정우, "문정우의 독서본능: 학생을 '노예'로 키우는 노예교사들", 「시사IN」, 2011년 5월 19일.

유하지 않고 남으로부터 해답을 구하려 했다는 태도가 놀라우리만큼 수동적이었다는 걸 이제는 안다. 그러나 내가 책을 통해 만난 이들과 이들의 삶으로부터 깨달은 점이 없었다면 이 사실 역시 깨치지 못했을 것이다. 그리고 정치권력만이 내 자유와 독립을 침해하는 것으로만 여겼던, 편협한 생각에서 벗어나게 해주는 데 많은 도움을 받았다.

조지 오웰은 정치적인 목적에서 글을 쓴다고 했다. 내가 글을 쓰는 목적 역시 그와 크게 다르지 않지만 그 범위는 조금 다르다. 정치의 영역을 넓게 보자면 개인의 삶의 방향을 어디로 정할 것인지, 세상과 개인의 관계를 어떻게 설정할 것인지도 정치적인 의미를 품고 있다고 할 수 있다.

그렇게 생각하고 나를 돌아보니 내가 처한 환경이 다르게 보였다. 온몸에 거미줄이 쳐진 것마냥 나를 옭아맨 것들이 눈에 보이기 시작했다. 당연한 듯 여기며 사십 평생을 살면서 한 번도 문제를 제기하거나 벗어날 생각조차 하지 못했던 문화라는 허울을 뒤집어쓴 관습, 그 관습을 좇아 살다보니 생긴 습속, 순응이란 말로 합리화했던 복종, 복종하다 보니 자연스럽게 젖어든 굴종이 보이기 시작했다.

저항까지는 아니라도 이성적으로 판단하며 살아왔다 여겼다. 하지만 마흔이 되어 돌아본 내 삶은 자의보단 타의가 많았으며 스스로의 결정보단 남들 하는 대로 살려고 발버둥 쳐왔을 뿐이었다. 정치·사회·문화·경제적으로 난 독립적인 존재가 아니었고 성인이 아니었다. 내가 아닌 남들이 부여한 불합리한 권력에 예속되어 있었고 복종하고 있었다.

난 내 삶의 실체를 '불온한 독서'로 깨달았다. 그 얘기를 누군가에게 하고 싶었다. 비록 내 삶이 크게 바뀌지 않았고 오늘도 어제와 비슷하게 살고 있지만 머지않은 장래에 그런 삶을 살 수 있기를 희망하며 계속해서 그런 꿈을 꾸고 그 꿈을 나누고 싶었다.

이것이 내가 불온한 독서를 하고, 글을 쓰는 이유다. 당연하다 생각되던 것들이 당연하지 않을지도 모른다는 허망함과 깨침을, 온갖 것들로 구속된 우리의 실체를, 나와 마찬가지로 오늘도 내일도 어제와 똑같은 삶을 살아갈 이들과 나누고 싶었다. 나아가 우리가 어디에 서 있는지, 어떤 삶을 살고 있는지, 무엇이 자유롭고 독립적인 인간이 되는 길을 막고 있는지, 순응과 순종이란 말로 변질된 복종의 실체가 무엇인지 함께 고민해보고 싶었다.

멀게는 16세기, 가깝게는 나와 동시대를 살고 있는 사람들 중에 나와 같은 고민을 했던 이들이 여럿 있다. 이들이 남긴 흔적을 보며 다시 길을 찾아가고자 한다. 비록 아버지로, 아들로, 시민으로, 국민으로 살아가기에 불온할지언정 나는 기꺼이 불온을 택한다. 그것이 자유롭고 독립적인 인간이자 머물지 않고 항상 흐르는 자가 될 수 있는 길, 곧 나라는 존재에 스스로 존엄을 부여하는 방법이기 때문이다.

1

글은 반동이고
불온이고 안티다

고정관념을 깨는 게 아닐까 싶어요. "그건 그렇지 않다. 나는 그렇게 생각하지 않는다. 꼭 그게 그런 것인가. 이렇게 생각할 수도 있지 않은가"라는 의문이 없으면 쓸 필요가 없다고 봐요. "나도 그렇게 생각한다"고 박수만 치려면 글을 쓸 필요가 없잖아요. "글이란 일종의 반동이고 불온이고 안티" 일 수밖에 없다고 생각해요.[1]

언론인 김선주의 말이다. 왜 글을 쓰냐는 질문에 그는 이렇게 답한다. 김선주는 글 쓰는 행위의 동기를 명확히 설명한다. 그는 남과 다른 생각을 갖고 있을 때, 혹은 다른 사람의 주장에 의문이 들 때 글을 쓸 필요가 있다고 말한다. 그러므로 글이란 일종의 반동이고 불온이고 안티일 수밖에 없다는 것이다. 다른 사람의 주장에 찬성하고 박수만 치려면 글을 쓸 필요가 없기 때문이다.

---

1 진행·정리 고경태, "한홍구-서해성의 직설 제37화 5년 뒤 직설을 당겨서 하다: '난 그렇게 생각 안 해, 그래서 써'", 「한겨레」, 2011년 2월 11일, 29면.

글을 쓰는 행위는 의사 표현이다. 하지만 그게 다가 아니다. 의사를 표현하기 이전에 누군가의 주장이나 생각이 담긴 글을 읽거나 사회에서 벌어지는 일들을 사유해야 하고, 자기 생각과 기준에 따라 그 주장을 되새겨야 한다. 때로는 글쓰기에 앞서 갖가지 사회 현상에 대한 탐구와 스스로의 삶에 대한 성찰이 진행되어야 한다. 그래서 글은 의사 표현이기도 하지만 한편으로는 스스로의 생각과 태도를 정리하는 일이기도 하다. 펜으로든 컴퓨터 자판으로든 빈 여백을 한 글자 한 글자씩 채워가는 과정은 자기 생각의 기둥을 세우고 그 기둥을 기반으로 지붕을 올리고 집을 짓는 것과 같다.

그런데 그 생각의 기둥이 그냥 세워지는 것은 아니다. 무수히 많은 정보와 주장 사이에서 자기 생각을 찾아야 가능한 일이다. 마치 무성한 나무가 가득한 숲에서 길을 찾는 것과 같다. 남들이 걸어간 길을 그대로 따라가다 보면 자기 생각을 스스로 얽매게 된다. 책을 아무리 많이 읽는 사람이라 해도 자기 생각이 없으면 빈껍데기일 뿐이다. 요는 삶과 사회에 대한 '내' 생각을 세우는 것이 필요하고, 그러기 위해 사유와 성찰은 필수라는 거다.

김선주는 그런 글쟁이다. 그는 사유와 성찰을 통해 글을 쓴다. 스스로 납득할 수 없는 글은 쓰지 않는다. 누군가의 주장에 맹목적으로 수긍하는 글 또한 쓰지 않는다. 그는 살면서 의문을 느꼈던 일들을 일상적인 언어로, 누구나 납득 가능한 예시를 곁들여 글을 써낸다. 그래서 그의 글은 더 깊게 들어온다.

그동안 쓴 글을 읽으면서 괴로웠다. 이 글들은 모두 내 인생의 기록이자 내가 살아온 시대의 기록이고 증언이다. 과거의 추억, 그 시대 상황, 그때의 사람들을 다시 돌아보는 과거로의 여행은 그 세월을 다시 한 번 살아내는 것처럼 고통스러웠다. 아프고 쑤셨다. 글을 쓰면서 지켜온 원칙이 있다. 나의 일상에서, 내가 보고 느끼고 경험한 일이 아니며, 그것이 우리 모두의 삶을 억압하는 문제와 맞닿아 있지 않으면, 글로 쓰지 않는다는 것이다. 그래서 모든 글은 일상에서 출발하지만 사회·정치·경제 구조, 혹은 인류 보편의, 우리 시대의 전반적인 문제와 연결되었다. 글을 쓰면서 항상 괴로웠다. 이 글이 진실과 정의로움에 부합한 것인가. 이 시대를 사는 사람으로서 역사에 올바로 동참하려는 태도를 견지하고 있는가, 회피하거나 비겁하게 외면한 적은 없는가, 세월이 지나서도 후회하지 않을 것인가를 매번 곱씹었다. 법정에서 반대신문을 하듯 스스로에게 다짐과 질문을 되풀이했다. 가벼운 이야기든, 무거운 이야기든 한 번도 쉽게 쓰인 글은 없었다. 나의 일상은 뒤죽박죽이고 부끄러운 일, 후회되는 일투성이였다. 그러나 글만은 두고두고 보아도 부끄럽지 않은, 그런 언론인이 되고 싶어서였다.[2]

김선주의 글은 사유와 성찰이 들어 있어 더욱 설득력 있게 와 닿는다. 어떤 현상을 목도했을 때 그는 스스로의 삶부터 돌아본다. 그리고 일상생

2 김선주, "후기", 『이별에도 예의가 필요하다』(한겨레출판, 2010), 377-378.

활에서 이야깃거리를 건져 올리고, 사회현상을 자신의 삶과 결부시킨다. '사유와 성찰의 글쓰기', 나는 김선주의 글을 이렇게 규정한다. 또 글이 반동이고 불온이고 안티라는 그의 말에도 동의한다. 자기 생각을 정리하고 생각의 기둥을 세우는 일, 사유하고 성찰하는 일은, 주체적인 인간이 되는 과정이자 자기를 둘러싼 부조리와 불합리에 맞서는 일이기 때문이다.

글쓰기, 자유로운 인간 되기

글을 쓰는 행위, 또는 생각하는 행위는 인간만이 가진 특별한 능력이자 온전히 자유로운 인간이 되기 위한 행위다. 자유를 억압당한 인간이 글쓰기에 몰두하는 것은 무의식적으로 자유를 갈구하는 행위일 수 있다. 희한하게도 자유를 구속하는 억압 체제에서 인간으로서의 존엄과 자유를 갈구하는 사람이 가장 먼저 하는 행위는 바로 글쓰기였다.

조지 오웰의 『1984』에서 텔레스크린의 감시망을 피해 구석진 곳에 숨어 주인공 윈스턴 스미스가 한 일은 일기 쓰기였다. 언제 어디서나 감시당하는 환경에서 그는 큰 결단이라도 한 듯 일기를 쓴다.

윈스턴이 시작하려는 일은 일기를 쓰는 것이었다. 일기 쓰기는 불법이 아니었다(법이란 게 없으니 불법이란 것도 있을 리 없다). 하지만 발각될 경우

사형 아니면 적어도 강제노동 이십오 년 형의 선고를 받을 것이 틀림없었다.⋯종이에 글을 쓴다는 것은 결단력이 필요한 중대행위였다. 그는 작고 서툰 글씨로 다음과 같이 썼다. "1984년 4월 4일."⋯누구를 위해 이 일기를 쓰는가? 그는 별안간 의아스러운 생각이 들었다. 미래를 위해서? 아직 태어나지 않은 후세를 위해?⋯그는 자신이 엄청난 일을 하고 있다는 사실을 처음으로 절실히 깨달았다. 어떻게 미래와 소통할 수 있단 말인가? 그런 일은 본질적으로 불가능하다. 미래가 현재와 비슷하다면 아무도 그의 말에 귀를 기울이지 않을 것이고, 다르다면 이 수난의 기록은 무의미한 것이 되리라.[3]

현재의 권력 유지를 위해 과거의 역사를 조작하는, '빅 브라더'가 지배하는 사회에서 자기 생각을 표출하는 행위는 곧 반역이다. 아니 상상할 수도 없는 일이다. 일기 쓰기조차 죽음을 각오해야 하는 일이다. 당의 공식적인 기록 이외에는 어떤 기록도 용납하지 않는 사회이기 때문이다.

그런데 윈스턴은 왜 글쓰기를 하게 된 걸까? 그는 기본적으로 빅브라더가 지배하는 사회, 곧 "과거를 지배하는 자는 미래를 지배한다. 현재를 지배하는 자는 과거를 지배한다"는 당의 강령에 따라 과거를 조작하는 사회에 염증을 느꼈다. 그는 '기억할 수 있는 능력', 아니 기억하고자 하

---

3   조지 오웰, 정희성 역, 『1984』(민음사, 2003), 16-17.

는 의지를 갖고 있었고, 당이 강요하는 기록에 의문을 품고 있었다. 당에 의해 기억이 조작되고 있다는 사실을 알고 있었던 것이다. 조작의 흔적조차 없애는 사회에서 자신의 기억이 옳은지 끊임없이 의심해야 하는 처지였지만 그는 자신의 기억을 붙들고 있었다. 생각을 허용하지 않는 사회에서 윈스턴은 기억을 사고의 출발점으로 삼아 빅 브라더가 지배하는 사회를 향한 저항을 꿈꾼다. 그 저항의 행위가 글쓰기로 나타난 것은 어찌 보면 당연한 일이다. 기억이 조작되는 사회에서 하루를 기록하는 행위는 분명 저항의 시작이 될 만하다. 하루의 일과를 써나가다 자기도 모르는 사이 일기장에 "빅 브라더를 타도하라"란 말을 끊임없이 쓰게 된 것은 윈스턴의 일기 쓰기가 어떻게 시작되었는지, 또 그 목적이 무엇인지를 극명하게 보여준다.

『1984』의 작가 조지 오웰은 '전체주의 사회'에 끊임없이 저항한 인물이다. 그는 1936년 스페인 내전에 참가한 것을 계기로 정치적인 목적의 글을 쓰게 되었다.

나는 싸움이 벌어지지도 않았는데 대단한 전투가 있었다고 보도하는 것을 보았고, 수백 명이 목숨을 잃었는데도 완전히 침묵하는 것도 보았다. 용감하게 싸운 부대원들을 비겁자나 반역자로 몰아세우는 것도 보았고, 총성한 번 못 들어본 이들을 가상의 승리를 거둔 영웅으로 마구 치켜세우는 것도 보았다. 또한 런던의 신문들이 그런 거짓을 그대로 옮겨 적는 것도 보았고, 열성적인 지식인들이 일어난 적도 없는 사건에다 감정적으로 살을 붙이는 것도 보았다. 달리 말해 나는 역사가 실제 일어난 대로가 아니라, 이런저런 '당의 노선'에 따라 일어났어야 하는 대로 기록되는 것을 본 것이다.[4]

그가 스페인 내전 후에 쓴 『카탈로니아 찬가』는 파시즘에 맞서 싸우기 위해 스페인으로 온 의용군들이 소련의 스탈린이 지원하던 공산당으로부터 어떤 억압을 받았는지를 여실히 보여준다. 공산당원들이 당의 노선에 따라 '적'인 파시스트보다 오히려 온전한 자유를 갈구하던 내부인들을 공격하는 모습을 보며 조지 오웰은 『1984』에서 그려낸 디스토피아를 목격했고 그것을 기록으로 남겼다. 만약 그의 기록이 없었다면 스페인 내전 당시의 실상은 잘 알려지지 않았을 것이다.

스페인 내전과 1936-1937년에 있었던 그 밖의 사건들은 저울을 한 쪽으로 기울게 했고, 그 뒤부터 나는 내가 어디 서 있는지 알게 되었다. 1936년부터 내가 쓴 심각한 작품은 어느 한 줄이든 직간접적으로 전체주의에 '맞서고' 내가 아는 민주적 사회주의를 '지지'하는 것들이다. 우리 시대 같은 때에 그런 주제를 피해 글을 쓸 수 있다고 생각하는 건 내가 보기엔 난센스다.[5]

---

4   조지 오웰, 이한중 역, "스페인 내전을 돌이켜본다", 『나는 왜 쓰는가』(한겨레출판, 2010), 145-146.
5   같은 책, 297.

조지 오웰에게 글쓰기는 전체주의에 저항하고 민주적 사회주의를 지지하는 일이었다. 또 자기가 본 대로 기록을 남기는 일이기도 했다. 그는 인간의 자유를 억압하는 체제에 반감을 갖고 있었고, 그 반감을 글로 드러냈다. 체제에 순응하지 않는 태도를 견지한 그의 글은 불온했다.

저항의 글쓰기

실제 세계에서도 글쓰기는 본질적으로 불온하다. 아우슈비츠의 생존자 프리모 레비가 그 처참한 상황에서 아주 적은 자유의 시간과 공간이 주어졌을 때 했던 일도 글쓰기였다. 그 글쓰기가 그의 저서 『이것이 인간인가』의 본바탕이 되었다.

> 코만도의 동료들은 나를 부러워한다. 그러는 게 당연하다. 어떻게 내가 만족하지 않을 수 있겠는가? 하지만 아침에 내가 사나운 바람을 피해 실험실의 문지방을 넘어서는 순간 바로 내 옆에 한 친구가 등장한다. 내가 휴식을 취하는 순간마다, 카페에서나 쉬는 일요일마다 나타나던 친구다. 바로 기억이라는 고통이다. 의식이 어둠을 뚫고 나오는 순간 사나운 개처럼 내게 달려드는, 내가 인간임을 느끼게 하는 잔인하고 오래된 고통이다. 그러면 나는 연필과 노트를 들고 아무에게도 말할 수 없는 것을 쓴다.[6]

아우슈비츠에서 스스로가 인간임을 자각하는 것은 고통이었다. 존엄한 존재이자 인권을 가진 인간임에도, 인간성을 부정당하는 강제수용소에서 살아내기 위해서는 자신의 인간됨을 잊어야 했다. "네 빵을 먹어라. 그리고 할 수 있으면 네 옆 사람의 빵도 먹어라. 그리고 감사의 마음을 갖지 마라"라는 말이 통용되는 사회가 아우슈비츠였다.[7] '내일 아침'이란 단어를 결코 사용하지 않는 곳이 아우슈비츠였다.[8] 현실과의 괴리가 큰 만큼 아우슈비츠에서 인간다운 마음과 기억을 잊지 않는 일은 고통스럽다. 인간임을 자각하지 말아야 한다. 자신이 처한 현실을 이해하려고 애쓰지 말아야 한다. 그래야 살아낼 수 있다.

"이해하려 애쓰지 마라, 미래를 상상하지 마라, 모든 게 어떻게 언제 끝나게 될지 생각하며 괴로워하지 마라"는 게 우리의 지혜였다. "다른 사람에게 질문하지도, 스스로 자문하지도 말라"는 것이다.[9]

프리모 레비가 살아낸 아우슈비츠는 인간임을 의식하지 않아야만 사는 것이 덜 고통스러운 곳이었다. 잠깐의 휴식시간이 주어져 옆 사람과

---

6 프리모 레비, 이현경 역, 『이것이 인간인가』(돌베개, 2007), 216.
7 같은 책, 244.
8 같은 책, 204.
9 같은 책, 179.

대화하다 자신이 어떤 인간이었는지를 돌이킬 때 자신이 처한 현실이 오롯이 고통으로 다가오는 현실, 그 현실을 프리모 레비는 외면하지 않았다. 오히려 그는 글을 썼다. 글을 쓰는 인간적 행위를 통해 자신의 고통을 들여다보았다.

올더스 헉슬리의 『멋진 신세계』에도 글에 대한 갈망이 나온다. 인간이 부모로부터 태어나는 게 아니라 생산되는 세계, 태아기 때부터 약물 주입으로 계급이 다른 인간을 생산하는 사회, 계속된 조건반사 훈련으로 인간의 본능을 억압하는 사회, '소마'라 불리는 마약을 복용하며 '행복하다' 말하는 사회인 '멋진 신세계'에서 남들과 달리 어머니의 자궁을 통해 태어났다는 이유로 '야만인' 취급을 받는 존은 윌리엄 셰익스피어 전집을 읽으며 자신의 감정을 드러내는 방법을 익힌다. 이미 사라진 과거의 문학작품을 읽는 일은 존이 인디언 보호구역 같은 야만인들이 사는 지역에서 나고 자랐기에 가능했다. 다른 사람이었다면 그것을 이해하지도, 읽을 필요조차도 느끼지 못했을 것이다. 존의 행위는 '신세계'의 질서에 반하는 불온한 것이었다.

프리모 레비와 존에게 글쓰기는 일종의 자유체험이자 현실을 극복하기 위한, 또는 현실 속에서 최소한 인간답게 살기 위한 발버둥 내지는 몸부림이었다. 온전한 객체로 살아내기 위해 스스로를 돌아보는 행위, 자신의 생각을 정리하는 일, 기록하는 일, 그것이 글쓰기였다.

글은 말과 다르다. 어떤 글이든 글을 쓰려면 기본적으로 스스로의 생각을 정리할 필요가 있다. 그 정리 과정이란 곧 자신이 처한 환경을 돌아보는 것, 자기 내면의 목소리를 끌어내는 것, 그럼으로써 현실의 불합리를 자기도 모르는 사이에 글에 포함시키는 것을 말한다. 『1984』나 『멋진 신세계』에서 자신의 생각을 내비치는 건 금기였다. 사고의 능력은 사유로 이어지고, 사유는 성찰로, 성찰은 행동의 변화로, 그리고 사회에서 금하는 행위를 하는 불온으로 이어진다. 그 기본이 되는 행위가 글쓰기다.

수많은 사상가와 작가들이 글로 자신의 생각을 표현했다. 글은 인간이 지식을 전달하는 중요한 기록물이자 자신과 비슷한 생각을 가진 이들을 끌어모으는 창구 혹은 불쏘시개 역할을 한다. 누구든 스스로 하고 싶은 얘기를 글로 쓰고, 글을 통해 다른 사람의 생각을 읽고, 때로는 비판하고 때로는 동의함으로써 자기 생각을 다져나간다. 표현의 자유가 보장되어 있든 그렇지 않든 간에 글을 쓰는 행위는 어쩌면 인간의 사상과 행동을 통제하려는 이들이 가장 먼저 없애야 할 것이라고 생각했음 직하다.

프리모 레비의 『이것이 인간인가』에는 인간으로서의 생각을 갖지 못하게 하는, 아니 스스로 포기하게 만드는 일들이 지속적으로 벌어진다. 저항 내지는 반항조차 하지 못하는 분위기가 수용소 안에 형성된다. 만인에 대한 만인의 투쟁이 벌어지고, 사람들의 마음에서 측은지심이 사라지고, 내일이라는 개념 자체를 생각하지 못하게 되며, 내일 죽을 것이 분명한 상황임에도 오늘의 배고픔을 달래는 것이 최고의 목표가 된다. 이런 행동은 곧 인간의 생각을 말살하는 행위에서 비롯된다. 그것을 되살리는 일이 글쓰기이고 기록이었다. 프리모 레비가 기록자를 자처하고 글 쓰는 행위를 시작한 것은 이에 대한 반발, 아니 최소한의 저항이었다.

수용소는 유럽에서 파시즘이 강세를 떨치고 가장 기괴한 모습을 보일 때 가장 번성했다. 그러나 파시즘은 히틀러나 무솔리니 이전에도 존재했고, 분명한 형태로 혹은 가면을 쓰고 제2차 세계대전 이후에도 계속 살아남아 있다. 세계 어느 곳에서든지, 인간의 기본적인 자유와 평등을 부정하는 것을 용납하기 시작하면, 결국은 수용소 체제를 향해 가게 된다. 이것은 막기 힘든 과정이다. 이와 같은 끔찍한 교훈이 우리의 경험 속에 들어 있음을 제대로 이해하고 있는 많은 수용소 생존자들을 나는 알고 있다. 그들은 매년 젊은 순례자들을 데리고 '자신들의' 수용소를 찾아간다. 나 자신도 시간이 허락한다면 기꺼이 그렇게 하고 싶다. 이렇게 책을 쓰고 그것에 대해 독자들과 이야기를 나눔으로써 같은 목적에 도달할 수 있음을 몰랐다면 그렇게 했을 것이다.[10]

프리모 레비의 글쓰기는 파시즘에 대한 경고였다. 레비가 던진 화두는 오늘날까지도 유효하다. 인간의 자유를 억압하려는 기제는 여전히 존재하기 때문이다. 그리고 그것을 막으려는 시도 역시 계속되고 있다.

---

10 같은 책, 285.

만약 아우슈비츠에 끌려가지 않았더라면 프리모 레비는 화학자로서의 삶만을 살았을지도 모른다. 하지만 아우슈비츠에 있으면서 인간 이하의 존재로 살아냈던 경험을 통해 그는 글을 쓰기 시작했고, 이탈리아를 대표하는 작가가 될 수 있었다.

내가 아우슈비츠의 시간을 경험하지 않았더라면 절대 글을 쓰는 일은 없었을 것이다. 아마 글을 써야 할 동기를 찾지 못했을 것이다. 학생 때 내 이탈리아어 성적은 보통이었고 역사 성적은 형편없었다. 내가 특별히 흥미를 느낀 과목은 물리와 화학이었다. 그래서 나는 화학자라는 직업을 선택했다. 글을 쓰는 세계와는 전혀 공통점이 없는 직업이었다. 수용소의 경험이 나로 하여금 글을 쓰게 했다. 나는 게으름과 싸울 필요가 없었다. 문체 같은 건 내가 보기엔 우스웠다. 업무시간을 단 한 시간도 침범하지 않고 글을 쓸 수 있는 시간을 기적적으로 마련했다. 이 책은 이미 내 머릿속에 다 준비되어 있었기 때문에, 그저 밖으로 나오게 해서 종이 위에 쓰기만 하면 되었다.…내가 살아남아 무사히 돌아온 건 대부분 운이 좋아서였던 것 같다. 수용소로 들어가기 전에 내가 가지고 있던 것, 그러니까 등산으로 체력이 단련되어 있었다거나 화학자였다는 것의 역할은 그리 크지 않았다. 화학자라는 직업 덕분에 마지막 몇 달 동안 약간의 특권을 누릴 수 있었지만 말이다. 아마도 그보다는 지칠 줄 몰랐던 인간에 대한 관심이 도움이 되었을 것이다. (일반적으로 많은 사람들이 지니고 있던) 살아남아야 한다는 의지뿐만 아니라 꼭 살아남아 우리가 목격하고 참아낸 일들을 정확하게 이야기해야 한다는 의지가 생존에 도움을 주었을 것이다. 그리고 마지막으로 암흑과 같은 시간에도 내 동료들과 나 자신에게서 사물이 아닌 인간의 모습을 보겠다는 의지, 그럼으로써 수용소에 널리 퍼져 많은 수인들을 정신적 조난자로 만들었던 굴욕과 부도덕에서 나를 지키겠다는 의지를 고집스레 지켜낸 것이 도움이 되었다.[11]

스스로에게서 사물이 아닌 인간의 모습을 보겠다는 의지, 그리고 인간으로서의 자신을 지키겠다는 의지는 글을 쓰는 행위로 나타났다. 그러한 동기가 글을 쓰는 원동력이 되었고, 그를 증언자이자 작가로 만들었다. "언제나 끝까지 잊어버리지 않는 것은 글 쓰는 사람들이다. 사실은 잊어버리지 않는 사람만이 글을 쓰는 사람이 된다"는 황현산의 말처럼 프리모 레비는 자신의 참담한 경험을 잊지 않고 기록으로 남겼다.[12]

호모 스크립투스(Homo Scriptus)는 기록하는 인간을 뜻한다. 인간을 다른 동물과 구별 짓는 특징 중 하나가 기록을 남긴다는 것이다. 선사

---

11 같은 책, 305-307.
12 황현산, "그 세상의 이름은 무엇일까", 『밤이 선생이다』(문학동네, 2013), 32.

시대의 동굴벽화, 언어, 파피루스와 종이, 펜과 컴퓨터에 이르기까지 인간이 기록을 위해 발명해낸 도구들을 보면 기록은 인간의 본능과도 같은 일이다. 단순한 기록을 넘어 자신의 의지를 표현하는 것 역시 인간의 본능과 같다. 상대가 정해져 있든 그렇지 않든 인간은 끊임없이 누군가와 커뮤니케이션하려고 한다. 인간은 말과 글로, 음악과 그림, 또는 사진을 수단 삼아 기록하고 표현한다. 도대체 어떤 이유로, 또 무엇을 기록하는가? 이유야 제각각일 수 있지만 분명한 사실은 그런 기록 때문에 문명과, 문화와, 예술과, 정치와, 사회가 발전할 수 있었다는 것이다.

인간의 기록은 때로는 '인간으로서의' 기록이다. 인간만이 기록을 할 수 있다. 그리고 때때로 인간은 기록을 함으로써 인간으로서의 존엄성을 확인하고 구속에 저항한다. '나는 그렇게 생각하지 않는다'며 반항한다. 온당한 것으로 여겨지는 체제에 저항한다. 인간이 벼랑 끝에 몰렸을 때 기록을 하는 이유는 어쩌면 '인간이 아닌 무언가'로 취급되는 데 반발하기 위해서일지도 모른다. 인간의 고유한 능력으로, 인간임을 확인하기 위해, 인간이라면 마땅히 존중받아야 할 것들에 대해 글을 쓰는지도 모른다.

그런 기록의 산물이, 인간 사고의 총합이 책이다. 그래서 책을 금하는 것은 결국 표현의 자유를 억압하는 일이자 인간의 자유를 억압하는 시발점이 된다. 프리모 레비는 독일계 유대인 시인 하이네의 "책을 불태우는 사람은 조만간 인간들을 불태우게 될 것이다"라는 말을 인용하며 나치 치하의 독일에서 펼쳐졌던 유대인 절멸 정책을 설명한다.[13] 이 말처럼 인간 지식의 총체, 사유의 총체를 태우는 일은 곧 표현의 억압이고, 이는 인간의 자유를 억압하는 행위로 이어지기 쉽다. 그리고 그에 반항하는 이들은 제거되기 마련이다. '금서목록'이 존재하는 한 이런 일은 반복될 것이다.

시대가 변했지만 아직도 금서는 존재한다. 한국사회에서는 공산주의나 사회주의와 관련한 책들이 오랫동안 금서목록에 올랐다. 이명박 정권 하에서는 국방부가 정한 금서가 있었다. 상식적인 내용을 담고 있음에도 이런 책들이 금서목록에 올랐다는 건 그만큼 표현의 자유가 보장되지 않았다는 의미임과 동시에 금서를 정해 사람들이 읽지 못하게 해야 한다고 생각할 정도로 정권, 혹은 권력의 정당성이 취약하다는 뜻이다. 또 금서의 존재는 자신의 사상과 생각을 자유롭게 표현하는 일이 불온할 수 있음을 내포한다. 이러한 상황에서는 자기검열이 발동하고, 누군가에 의해 생각이 통제되는 것이 당연시된다.

문제는 금서가 있다는 사실 자체가 아니라 그로 인해 생각을 통제할 수 있다는 인식이 퍼진다는 것이다. 언제든 내 생각이 누군가에 의해 통제될 수 있고, 때로는 그에 따라 법적인 처벌이 이뤄진다는 것, 사회질서 혹은 국가의 안위를 지키기 위해 개인의 생각을 강제로 억압할 수 있다

---

13 프리모 레비, 이현경 역, "부록 1. 독자들에게 답한다", 『이것이 인간인가』(돌베개, 2007), 298.

는 것은 인간의 자유와 독립성이 오로지 체제 안에 머무를 때만 보장될 수 있다는 전제를 내포한다. 이에 따르면 진정으로 자유롭고 독립적인 인간이 존재하기란 불가능에 가깝다. 어쩌면 개인에게 '다른 의견을 가질 권리'는 애초부터 허락되지 않을 수 있다.

그럼에도 인간은 다른 의견을 가진다. 획일적이고 전제적인, 누군가가 끊임없이 강요하는 사상에 반항하고 저항하며 인간으로서의 존엄을 지켜나간다. 누구나 그렇게 할 수는 없다. 그러나 분명 그런 이들은 존재해왔다. 이들이 남긴 불온한 글이 바로 그 증거다.

막힘없는 말길과 글길

글은 동기가 없으면 쓰기 어렵다. 때로는 글쓴이가 의도한 동기가 독자에게 다르게 읽히기도 한다. 한 인간의 사상을 표현하는 만큼 글은 그것을 쓰는 사람이 어떤 생각을 갖고 있는지에 따라 받아들이는 사람의 호불호가 갈리기 마련이다. 하지만 단순히 호불호만으로 글을 평가하기는 힘들다. 다른 사람의 글을 읽을 때 사람들은 가치판단을 하고, 그 글 자체를 평가하게 된다. 수동적으로 모든 걸 받아들이기만 하지는 않는다. 이렇게 글을 읽는 행위 자체는 독자의 적극적인 개입으로 이뤄진다. 글을 쓰는 이가 '나는 그렇게 생각하지 않는다'는 의견을 글로 풀어낼 때 그것은 반동이고 불온이고 안티지만, 그 글을 읽는 독자 역시 글쓴이에게 불온할 수 있다. 즉 끊임없이 '정반합'의 과정이 이뤄지는 것이다. 그럼으로써 인간은 사고하고 사유하고 성찰한다.

내가 이 글을 쓰는 이유도 그리 다르지 않다. 책을 읽다 보니 내 주위를 둘러싸고 있는 온갖 억압 체제가 눈에 들어오기 시작했다. 답답해진 마음을 어떻게든 풀어야 했기에 그 갈증을 독서로 풀어냈다. 하지만 독서만으로는 뭔가가 부족했다. 독서를 통해 얻은 것들을 글로 풀어내고 싶었다. 내 생각을 정리하고, 그 정리된 생각 안에서 사유하고 싶었다. 나만의 생각을 씨줄과 날줄로 엮어내고 싶었다. 사람마다 다르겠지만 내게는 그것이 자유롭고 독립적인 인간이 되기 위한 전제조건처럼 느껴졌다.

하지만 그 과정에 다른 힘이 개입하곤 한다. 글을 독자가 판단하게끔 내버려두지 않고 국가가, 권력이 개입하는 경우다. 금서는 그렇게 만들어진다. 인간의 생각과 사상을 판단하는 것까지는 좋다. 그러나 국가권력이 어떤 사상이 잘못되었다고 단정짓고 이를 전면 금지하는 것은 다른 차원의 문제다. 그것은 인간의 본능적인 생각을 제거하고자 하는 획책이다.

민주주의 사회에서는 표현의 자유가 보장된다고 여겨진다. 그러나 표현의 자유만큼 손쉽게 억압되는 권리도 없다. 독재정권이나 전체주의 국가에서, 또는 민주주의 사회에서도 인간으로서의 자유가 억압되기 전에 표현의 자유가 먼저 탄압받는다. 한 국가가, 한 사회가 민주적인가 그렇지 않은가를 평가하는 척도는, 체제에 반하는 말과 글이 오고가는 말길과 글길, 즉 언로가 뚫려 있느냐 여부다.

아쉽게도 한국사회에는 아직 그 언로가 제대로 뚫려 있지 않다. 생각하는 것을 모두 표현할 수 있다는 통념과 달리, '종북' 혹은 '북한에 대한 고무·찬양', '공산주의', '사회주의'라는 혐의가 들씌워지면, 또 정권이나 최고 권력자에 대한 비판이나 비난을 할라치면 표현의 자유는 헌신짝처럼 내던져진다. 객관식 문제처럼 오로지 예시 중 하나만을 선택해야 한다는 규정 내에서의 자유만이 허용될 뿐이다. 통합진보당 해산이나 쌍용차 노조에 대한 어마한 규모의 손해배상청구처럼 그 선택 범위를 벗어난 사람에게 가해지는 보복의 정도가 심해지고 있다. 말길과 글길이 막혀 있는 곳에서는 표현의 자유뿐만 아니라 인간의 자유마저 압살되기 마련이다.

인간이 자립하기 위한, 자유롭고 독립적인 인간이 되기 위한 기본 중의 기본은 자신의 의사를 오롯이 표현하는 것이다. 말도 제대로 못하는데, 글도 제대로 쓰지 못하는데 자유와 독립을 얘기할 수는 없는 노릇이다. 그래서 말길과 글길을 열어젖힐 필요가 있다. 어떤 말이든, 어떤 글이든 자유롭게 오가며 글을 읽는 사람들에게 평가받아야 한다.

표현의 자유는 그래서, 자유롭고 독립적인 인간이 되기 위한 기본 전제이자 필요충분조건이다.

2

자유를
보류하지 말라

스스로 자유롭기

박홍용의 만화『구르믈 버서난 달처럼』(바다그림판, 2007)에는 흥미로운 갈등관계가 있다. 황정학과 이몽학. 이몽학은 양반가의 서자다. 서얼인 그가 지닌 한계는 명확하다. 벼슬길에도 나갈 수 없으며 뭘 하려고 해도 여의치 않다. 그는 신분의 한계에 정면으로 맞서고자 서얼 출신들과 손 잡고 난을 일으킨다. 한계에 맞서 사회를 바꾸려고 했던 거다.

이에 비해 황정학은 양반가의 자식이긴 하지만 장님이다. 그는 부모로부터 거의 버림받은 처지나 다름없다. 그에게 주어진 한계는 이몽학보다 많으면 많았지 덜하진 않았으리라. 그러나 황정학은 이몽학처럼 자신에게 한계를 지운 사회를 전복하려 하지 않는다. 도리어 그는 칼 뒤에 숨어 스스로 자유로운 길을 택한다. 일종의 내적인 깨달음을 얻은 것이지만 종교의 힘을 빌려 자신을 변화시키려는 시도와는 형태가 조금 다르다. 극중에서 황정학의 제자인 견자는 이몽학과의 대결 중에 자신이 내면으로 도피하려는 것이 아님을 분명히 밝힌다. 그는 세상이 바뀌더라도 내가 바뀌지 않으면 아무런 소용이 없다고 일갈한다.

세상이 자유로워졌다 해도 내가 자유로워질지는 분명치 않은 게 사실이다. 지난 1980년대 학생 운동권에서 독재에 맞서 싸우던 이들이 그 독재자의 행태를 닮아가고 외려 권위적으로 변해가는 모습을 볼 수 있는 것도 그 때문이다. 거대 악으로 여겨지는 외부의 적에 몰두하다 보면 오늘 당장 침해되는 나의 자유는 좋은 세상이 오고 난 뒤로 미뤄진다. 그런 인식이 당연시되면 설혹 좋은 세상이 온다 하더라도 개인의 자유는 보류될 수밖에 없다.

행여 혁명으로 독재 권력을 무너뜨렸다 하더라도 사회가 관료주의라는 거대한 '구속의 방법론'을 따르는 한 개인의 자유는 요원하다. 볼셰비키 혁명 뒤의 소련, 특히 스탈린 치하의 소련이 그 좋은 예다. 사회가 안고 있는 한계를 걷어치움과 함께 그 한계를 존속시키는 문화를, 아비투스를 없애지 않는 이상 단일한 목적을 가지고 일어난 혁명에서 인간의 자유를 위한 그 외의 다양한 조치들은 잔가지 취급을 받는다. 바로 그 지점에서 혁명과 개혁의 피로감이 생성되고 좌절감이 태동한다. 그와 함께 보수나 진보나 모두 똑같다는 양비론이 일반화된다.

준비된 자들은 개인으로서의 자유를 획득하기가 훨씬 수월할 테다. 에리히 프롬이 『자유로부터의 도피』에서 간파했듯 인간은 쉽게 자유를 헌납하고 순종이란 허울을 뒤집어쓴 복종의 태도를 기꺼이 받아들인다. 행동 하나하나에 의미를 부여하는 건 피곤한 일이고 자신과 관련된 모든 일을 직접 선택하고 판단하는 건 분명 어려운 일이다. 어떤 권위에 기대려는 욕망은 곧 스스로 생각하고 사유하기를 거부하는 것, 또는 생각과 사유의 능력을 포기하는 것과 같다.

그러다 보면 자연히 주체적인 인간과는 멀어지게 된다. 점점 스스로의 삶을 결정하는 자기결정권이 없는 인간이 되는 것이다. 지금 우리의 교육은 바로 이런 인간을 양산하고 있으며 어떤 지도자나 멘토 등에 기대려는 현상 역시 '흐르는 자'가 아닌 '따르는 자'가 많은 사회 양상을 보여줄 뿐이다.

부처를 만나면 부처를 죽이라 했다. 세상에 나와 같은 삶을 사는 이는 없을 테고 내 인생을 책임져주는 이도 없다. 내 삶은 내가 알아서 만들어가고 책임져야 한다. 누군가에게 그 이상을 기대하는 건 내 자유를 헌납하는 행위다.

자유를 누리기 위해서는 먼저 내 한계를 인식해야 한다. 그 한계가 외부에서 왔다면 어떻게 그 속박을 끊을 것인지, 만약 내부에서 왔다면 어떻게 할 것인지를 고민해야 할 것이다. 가능한 한 빨리 내 한계를 인식하는 것이 자유롭고 독립적인 인간이 되기 위한 선행조건이다.

견자와 황정학은 그 한계를 안다. 황정학은 어렸을 때 자신을 부끄러워하는 부모에 의해 낮에는 독에 갇혀 지내야 했다. 어린 몸이 독 안에 구겨 넣어질 때 그는 어땠을까? 자신의 장애가 무한한 한계로 와 닿지 않았을까? 그 독 안에서 혀와 입으로 딱딱 소리를 내어 소리의 공명을 일으키며 독의 크기를 가늠하는 행위는 스스로에게 부여된 한계를 체득하는 것이었을 테다.

황정학은 그 한계를 칼로 없앤다. 9살 때 독을 깨부수고 나오고, 그 길로 막대기 하나 들고 집을 나온 그는 자유롭게 살아간다. 유랑걸식하는 것과 같은 처지지만 그는 칼 뒤에서 스스로 자유로운 길을 택하고 한 평생을 그리 살았다. 자유롭고 독립적인 존재로 자신에게 새로운 한계를 부여하려는 자들과 싸우며 말이다.

서자인 견자 역시 스승 황정학과 같지만 다른 길을 걷는다. 혼자만의 힘으로 어찌할 수 없는 현실을 탓하면서도 그는 스스로 자유로운 존재로 거듭나며 올곧게 자신의 길을 간다.

이몽학은 또 어떤가? 그 역시 한계를 지닌 몸이지만 자신을 한계지은 자들과 그들이 구축한 제도와 관습을 뒤엎으려 한다. 비록 그의 시도는 실패로 돌아가지만 이몽학에게 가 있는 박홍용의 마음자리는 따뜻하다. 이몽학은 견자와의 맞대결에서 그를 설득하려 하지만 그가 자신과 다른 길을 가고 있음을 알아낸다. 나와 다른 생각을 가진 이를 이해하지 못하고 적으로 돌릴 수도 있지만 이몽학은 그런 흑백논리에 매몰되지 않는다.

사실 흑백논리는 위험하다. 무한히 확장되는 상대주의 또한 순환논법이기 때문에 쓸모없다. 세상에 맞설 것인지, 스스로 구속의 습속을 벗어던질 것인지는 양자택일의 문제가 아니다. 같이 가져가야 할 숙제다.

혁명과 자유

세상을 변화시키는 것은 가능할 수도 있고 불가능할 수도 있다. 그런데 그 가능 여부보다 중요한 게 개인의 자유를 얻기 위해 일으킨 혁명과 변혁이 오랫동안 지속되고 의미를 가지려면 개인의 자유를 속박해서는 안 된다는 사실이다. 사회의 변혁만큼이나 중요한 게 한 인간의 독립이요, 각자가 온전한 객체가 되는 일이다. 이 두 가지는 결코 경중이나 우열을 따질 수 없는 문제다. 혁명 중에 개인으로서의 자유를 속박당하는 사람이 아주 조금이라도 생긴다면 자유를 위한 혁명이라 할 수 없다. 혁명이 성공했다 하더라도 개인 스스로 자유롭고 싶은 생각이 없거나 그것을 누릴 준비가 되어 있지 않으면 궁극적으로 혁명은 실패할 수밖에 없다.

그간의 역사를 보면 혁명이나 변혁의 아젠다를 일부 소수가 장악하고 있었다. 그들은 전위였고 선도하는 자들이었다. 그에 반해 민중이라 칭해진 대중은 계몽되어야 하는 무지몽매한 사람들로 과소평가되거나 엄청난 변혁의 에너지를 가진 존재로 과잉평가되었다. 즉 소수의 전위들은 민중의 실체를 자기 입맛에 맞게 왜곡하고 혁명의 아젠다를 틀어쥔 채 그것을 민중에게 적용하기 위해 애를 쓴다. 이들은 혁명 또는 쿠데타의 논리를 강요하는데, 이 과정에서 거의 대부분 폭력이 수반된다. 이들이 지시하고 강요한 길을 따르지 않은 자들은 폭력에 노출되고 사회로부터 격리된다.

조지 오웰의 『카탈로니아 찬가』(민음사, 2001)에 그 실례가 있다. 조지 오웰은 스페인 내전에 참가한 뒤부터 전체주의에 맞서는 자신의 정치적 입장을 분명히 했다. 여기에는 이유가 있었다. 그는 스페인 내전이 파시즘과의 싸움이 아니며 진짜 전쟁은 혁명 세력과 반혁명 세력 간에 벌어지고 있다고 보았고, 공산주의자들이 반혁명 세력이 되어 노동자로 구성된 민병대를 탄압했다고 주장했다. 그는 민병대원들이 순식간에 파시즘에 맞서 싸우는 전사에서 반역자로 뒤바뀌는 현실을 목도했고, 그 자신도 이런 탄압을 피해 스페인을 떠날 수밖에 없었다. 스페인에서의 노동자 혁명은 그렇게 말로는 노동자를 위한다고 하지만 스탈린의 명령과 당의 노선을 맹목적으로 따르기만 했던 공산주의자들에 의해 무너졌다. 그래서 조지 오웰은 스페인 내전을 이렇게 정의했다.

이 전쟁을 진짜 전쟁으로 여기는 이는 공화국 정부 내에선 아무도 없었다. 진짜 싸움은 혁명과 반혁명 세력 간의 대결인 것이다. 다시 말해 1936년에 쟁취했던 작은 것에 헛되이 매달리는 노동자들, 그리고 그것을 그들에게서 너무나 성공적으로 탈환하고 있는 자유주의와 공산주의 연합 세력 사이의 싸움인 것이다. 공산주의가 이제는 반혁명 세력이 되었다는 사실을 따라잡은 사람이 아직도 영국에 거의 없다는 건 안타까운 일이다.[1]

---

1 조지 오웰, 이한중 역, "스페인의 비밀을 누설한다", 『나는 왜 쓰는가』(한겨레출판, 2010), 53.

공산주의가 반혁명 세력이 되었다는 것을 극명하게 보여주는 증거가 군내 위계서열이었다. 조지 오웰은 "정말 민주적으로 조직되어 장교와 사병이 같은 급료를 받고 완전히 평등하게 한데 섞여 지내던 노동자 민병대가 해체되고, 최대한 일반 부르주아 군대를 모델로 조직되어 장교의 특권이 대단하고 급료도 엄청나게 차이가 나는 등등의 대중군(이 역시 공산주의자들의 전문용어로는 '인민군')으로 대체됐다"고 말한다.[2] 그렇게 노동자 사이의 평등은 무너졌고, 자유도 마찬가지로 탄압받게 되었다. 이런 식으로 말이다.

조지 오웰은 스페인에서 공산주의자들이, 파시즘이 자본주의와는 아무런 상관이 없고, "정신병원 하나 가득한 살인광들을 갑자기 풀어놓았을 때나 벌어질 수 있는 무의미한 악행이요 일탈이요 '집단 사디즘'이라는 식"으로 여론을 조성한다면서 이렇게 말했다.

그러는 동안 파시즘이나 부르주아 '민주주의'나 그게 그거라고 지적하는 말썽꾼을 제거해야 한다. 처음에는 그런 사람을 비현실적인 몽상가라 부르기 시작한다. 그가 문제를 혼동하고 있다고, 반파시스트 세력을 분열시킨다고, 지금은 혁명에 대한 미사여구나 늘어놓고 있을 때가 아니라고, 지금은 우리가 '무엇'을 위해 싸우는지를 너무 따질 게 아니라 함께 파시즘에

---

2 같은 책, 56.

맞서 싸울 때라고 하는 것이다. 그래도 그가 입 다물기를 거부하면 나중에는 어조를 바꾸어 그를 배신자라 부르기 시작한다. 더 정확히 말하자면 트로츠키주의자라 부르는 것이다.[3]

내부 비판이 허용되지 않는 사회는 결국 주류와 다른 목소리를 죽이기 마련이다. 스페인 내전에서는 혁명 세력으로 여겨졌던 공산주의자들이 노동자들의 자유와 독립을 탄압하는 데 앞장섰다. 공산주의자들의 적이라 여겨지던 부르주아와 손잡고 말이다. 그들에게 중요한 것은 스페인의 혁명이나 파시즘과의 싸움에서 승리하는 것이 아니라 혁명 세력 내에서의 헤게모니였고, 당의 노선에 철저히 따르는 것이었다. 그렇기에 그들은 노동자들로 구성된 자유롭고 평등한 민병대를 해체해나갔다. 스스로 자유롭기보다는 교조적으로 누군가의 지시와 명령을 받들었기 때문에 일어난 일이다. 지시와 강요에 익숙해져 있었기 때문이다. 나만이 선이고, 공산당의 노선만이 옳은 길이라는 맹목적 믿음이 낳은 결과였다.

내가 옳다는 맹목적 믿음은 오만이 되고, 오만은 나와 다른 생각을 가진 이들에 대한 폭력으로 쉽게 둔갑한다. 이것이 사회를 변혁하려고 하거나 혁명을 일으키는 자들이 빠지기 쉬운 오류다. 목적으로 수단을 정당화할 수는 없다. 앞으로 자유로운 사회가 펼쳐지기를 꿈꾸며 그 꿈

---

3 같은 책, 58-59.

을 위해 싸우고 있다면, 현재의 자유 역시 소중히 여기고 지킬 줄 알아야 한다. 조직의 논리를 들이밀며 자유로운 세상이 올 때까지 참자고 얘기하는 순간, 자유는 보류되고 멀어진다.

우리가 살아가는 세상은 오늘도 조직의 논리를 들이대며 개인의 자유를 침해한다. 오후 6시의 당연한 퇴근이 칼퇴근이라 불리는 현실, 아침에 일찍 출근하는 걸 당연시하는 인식, 갑질에 익숙해져 을에게 무한한 희생을 아무렇지 않게 요구하는 관습 등이 그러하다. 또 자식에게 부모 말을 따르도록 설득하는 것이 아니라 강요하는 것, 학교에서 학생의 인권은 무시한 채 벌어지는 온갖 자유의 제한, 나보다 직위가 낮은 자에게 행해지는 언어폭력과 아랫사람의 인격을 무시하는 권위적인 자세, 금요일 퇴근할 때 월요일 아침에 보고할 거리를 주며 휴일 근무를 당연시하는 태도 등등. 이런 것들은 당연한 게 아니지만 우리 사회에서는 이미 너무나 당연해져 버렸다.

구속의 동아줄

『구르믈 버서난 달처럼』에는 철학적인 질문이 한 가지 나온다. 냇가에서 빨래를 하는 아낙네가 자기 자식을 나무에 묶어놓았다. 물에서 놀다 혹시 익사할지도 모를 상황을 예방하기 위한 조치였다. 하지만 그 아이는 눈물 콧물을 다 쏟으며 엄마한테 가려고 발버둥친다. 그 모습을 보며 황정학이 견자에게 질문한다. 저 끈은 아이의 자유를 억압하는 도구일까, 아니면 아이의 생명줄일까?

쉽지 않은 질문이다. 분명 그 끈은 아이의 생명을 지키고 있으나 그와 동시에 엄마한테 갈 자유마저 박탈하고 있다. 사실 이것은 옳다 그르다 말하기 어려운 오랜 숙제 같은 문제다. 엄마의 조치가 이해 안 되는 것은 아니다. 자식의 생명이 달린 일이니 잠시 아이의 자유를 억압할 수도 있다. 하지만 아이 입장에서는 큰 상처로 남을 수 있는 일이다. 자기 행동을 스스로 결정짓지 못하는 것, 끈으로 결박되어 눈앞에 보이는 엄마한테도 가지 못하는 것은 구속이고 속박이다. 비록 좋은 뜻으로, 잠시 동안 한 일이지만 말이다. 무엇보다 큰 문제는 이런 일을 겪고 나면 이렇듯 자유를 보류하는 데 익숙해질 수 있다는 것이다.

"대학 들어가고 나면 너 하고 싶은 거 마음대로 해", "연애는 대학 들어가고 나서 해!"란 말 다음에는 여기저기서 "취직 안 할 거니!", "결혼은 언제 할 거니?" 하고 닦달하는 말들이 숱하게 들려온다. 과정이 아닌 목적이 되어버린 '대학'을 가기 위해서는 마음껏 잠잘 수 있는 권리도, 친구들과 운동하며 뛰어놀 권리도, 이성에 대한 관심도, 자유롭고 싶은 당연한 본능도 모두 보류된다. '잠시'라고 하지만 자유를 보류하는 태도는 인생 전체에 걸쳐 지속된다.

우리는 자유를 잠시 보류하는 데 익숙하다. 대학가기 전에, 취직하기 전에, 결혼하기 전에, 결혼하고 자식을 낳았다면 자식이 클 때까지, 아니면 집 장만할 때까지는 하고 싶은 대로 하지 못하고 산다. 철이 들어 그렇다 여기며 말이다. "~까지", "~만 하고 나면" 이런 식으로 자유를 자꾸 보류하게 되면 자유를 포기한 것과 진배없는 상태가 된다. 심각한 문제는 이게 당연시된다는 데 있다. 조직사회를 위해, 회사를 위해, 자유를 포기하는 행위가 일상화되다 보니 어느새 이에 무감해져 문제를 제기하기도 힘들고 문제를 제기할 필요마저 느끼지 못하게 된다.

이게 다 어릴 때부터 자유를 보류하는 것에 익숙해져 있는 탓이다. 자식이 자유로운 삶을 누리기보다는 좋은 대학에 들어가는 게 낫다는 부모의 생각 때문이다. 그게 자식을 위한 것이라고 한다. 하지만 생각해보자. 어릴 때부터 자유를 박탈당하는 것을 당연히 여겨온 아이들이 훗날 자유롭게 살아갈 수 있을까? 자유에도 훈련이 필요한데 말이다. 부모는 자식이 세상의 흐름을 거스르지 않고 순응하며 살기를 바랄지도 모른다. 또는 자유보다는 경쟁에서의 승리를 더 우위에 둘지도 모른다. 그게 지금 이 나라에서 아이를 키우는 방식이다. 하지만 그렇게 자란 아이는 커서 누군가를 밟고 올라서는 것에, 아니면 누군가에 의해 밟히는 것에, 남의 자유를 박탈하는 것과 스스로의 자유를 포기하는 것에, 자신이 무얼 놓치고 사는지, 자기가 얼마나 희생하고 있고 착취당하고 있는지에 대해 아무런 문제의식을 느끼지 못하는 사람이 될 뿐이다.

자유는 보류하는 순간 포기하는 것과 같다. "다 너를 위한 것"이라며 자유를 보류할 것을 종용하는 부모와 선생은 그런 삶에 익숙해져 있기 때문에 그런 말을 쉽게 할 수 있는 것이다. 그런 태도는 자식에게 대물림되고 자유를 보류해온 경험은 습속이 돼 비단 개인생활뿐만 아니라 국가 차원에서 자유를 보류하는 데에도 무감한 상태로 진화한다. '너를 위해'서라는 명분은 경우에 따라 '회사를 위해', '나라를 위해', '가족을 위해', '부모를 위해' 등으로 쉽게 변하기 마련이다. 그러다 보니 회사가 부당한 지시를 내려도, 정권이 자유를 포기할 것을 종용해도 큰 반발 없이 지나가는 것이다. 나는 통금, 미니스커트와 장발 단속, 불심검문과 채증의 일반화, 주민등록번호와 감시카메라 도입, 과도한 개인정보 사찰 등은 바로 이 나라에 자유를 보류하는 습속이 있었기에 가능했다고 믿는다.

아이를 묶어놓은 끈 하나는 단순한 끈이 아니라 내 자유를, 당신의 자유를, 모든 이들의 자유를 구속하는 거대한 동아줄이 될 수도 있는 것이다.

아직은 괜찮아?

마티유 카소비츠 감독이 연출하고 뱅상 카셀이 주연한 프랑스 영화 〈증오〉(1995)의 도입부는 이런 대사로 시작한다. "아직은 괜찮아. 아직은 괜찮아." 이 말은 고층빌딩에서 떨어지는 사람에 대한 농담인데 영화 속에서 주인공들이 나누는 대화를 들어야 그 뜻을 이해할 수 있다.

"빌딩에서 떨어지는 사람 얘기 들었어? 한층, 한층 떨어질 때마다 자신을 타일렀대. '아직은 괜찮아 아직은 괜찮아, 어떻게 떨어지느냐는 중요하지 않아, 중요한 건 착륙이지.'"

죽을 운명이 분명한데도 "아직은 괜찮아" 하고 스스로를 타이른다? 분명한 현실 외면이다. 이 영화는 프랑스 내 소수자이며 일종의 게토에서 살아가는 유대인, 아랍인, 흑인 3명의 이야기를 그린다. 감독은 프랑스 내의 인종갈등과 그로 인한 빈부격차 등을 날카롭게 꼬집는다. 아직은 괜찮다고 여길지 모르지만 언젠가는 폭발하게 될, 그리고 2015년을 기점으로 실제로 폭발한 프랑스를 비롯한 유럽의 인종갈등 문제를 비판한 것이다.

이 영화를 본 지 거의 20여 년이 흘렀는데도 아직 저 대사가 기억난다. 분명 죽기 직전의 상황임에도 자신을 타이르며, 중요한 건 착륙이라는 허황된 믿음을 갖고 빌딩에서 떨어지고 있는 이의 심경이 지금 우리가 살아가는 모습과 그리 다르지 않다고 여겨지기 때문이다.

살면서 우리는 쉽게 자유를 보류한다. "이 정도는 괜찮아", "이 정도는 받아들일 수 있지" 하면서 말이다. 좋은 대학에 진학하고자 하는 유일한 목적 때문에 무수히 많은 자유를 보류하는 학생들, 취업을 위해 하고 싶은 일을 끊임없이 뒤로 미뤄야 하는 젊은이들, 야근, 주말 근무, 부당한 업무지시 등으로 인해 자신의 자유를 스스로 갉아먹어야 하는 직장인들까지. 이렇게 조금씩 시작되는 자유에 대한 침해는 시간이 지날수록, 또 잘 받아들일수록 그 강도가 세지기 마련이다.

자유를 침해당하면서 '아직은 괜찮다'고 여겨서는 안 된다. 속박의 굴레에 곁을 주기 시작하면 언젠가는 개인의 자유를 통째로 집어삼킨다. 스스로 자유롭다 여기며 조금씩 다가오는 억압과 속박에 저항하지 않는다면 언젠가 영화 〈매트릭스〉와 같은 삶을 살게 될지 모른다는 이야기도 전혀 허황되지 않다.

삶은 개구리 증후군이란 말이 있다. 펄펄 끓는 물에 개구리를 넣으면 곧바로 튀어나온다. 하지만 차가운 물에 개구리를 넣고 서서히 열을 가하면 개구리는 솥 안에 머물러 있다가 결국 죽음을 맞이한다. 그 개구리는 온도가 조금씩 올라가는 걸 느끼면서도 '아직은 괜찮아'란 주문을 외우고 있지 않았을까? 우리 역시 그런 삶을 살고 있는 건 아닐까?

자유를 보류한 대가

자유를 보류하는 데 익숙한 개인으로 이루어진 사회는, 또 그러한 개인을 길러낸 사회는 언젠가 그 대가를 치르기 마련이다. 나치즘 치하의 독일이 대표적인 예다. 그들은 '국가를 위한다'는 단 하나의 목적에 개인의 삶과 학교 교육, 일상생활을 전부 종속시켰다. 국가가 내세운 목적에 부합하지 않는 행위는 범법행위와 다를 바 없었고, 그 목적을 따르지 않으면 사회에서 온전히 살아남기가 불가능할 정도였다.

하지만 처음부터 그랬던 건 아니었다. 자유를 속박하는 지평을 서서히 넓혀간 끝에 사람들이 무감해지자 개인의 자유를 더욱더 심하게 옥죄었다. 급기야는 무수히 많은 인간을 죽음의 길로 이끈 대량학살과 전쟁으로 치달았다. 이 모든 게 자유를 보류한 대가였다.

자유를 보류하는 일은 삶의 목적을 스스로 설정하지 않고, 남으로부터 받았을 때 주로 발생한다. 정확히 말해 남으로부터 주어진 목적을 외부에서 온 것으로 여기는 게 아니라 자신의 삶의 목적으로 인식할 때, 즉 남이 준 목적을 자신의 목적과 합치시킬 때, 또는 합리화시킬 때 스스럼없이 자유를 보류하게 된다.

유소년들을 히틀러 청소년단에 가입시켜 군대식 교육을 시키고, 친위대로 전쟁에 끌어들였던 히틀러는 1932년 10월 히틀러 청소년단 단원들을 만난 자리에서 이렇게 말했다.

"젊은이가 위대한 이상을 위해 모든 것을 희생하는 나라의 국민에게는 무슨 일이 일어나겠는가?"[4]

과연 무슨 일이 일어났을까? 군대식으로 체계화된 조직 안에서 청소년들은 상급자에게 복종하는 법을 배웠다. 획일화된 규율과 체제에 절대

---

4 수전 캠벨 바톨레티, 손정숙 역, 『히틀러의 아이들』(지식의풍경, 2008), 184.

복종하는 자세를 익혔고, 히틀러와 나치의 명령은 신의 명령과도 같아 그 어떤 오류도 없다고 배웠다. 이들은 히틀러와 나치의 말에 고무돼 스스럼없이 히틀러 청소년단에 가입했고, 독일 국민으로서의 의무를 자신에게 부여했다.

처음에 규율과 복종으로 길들여진 히틀러 청소년단을 보는 시각은 우호적이었다.

당초 바깥세상은 히틀러와 히틀러 청소년단에 좋은 인상을 받았다. 동기가 부여되어 있는 단련된 독일 젊은이들을 보면서였다. 1934년 독일을 방문한 케네스 로버츠라는 미국 기자는 독일 젊은이들에 대해 다음과 같이 논평했다. "어린이와 청년들이 더 이상 길모퉁이를 어슬렁거리지 않는다. 도시를 배회하며 비행을 저지르지도 않는다. 그들은 제복 차림으로 히틀러 청소년단과 함께 행진한다. 그들에겐 담배, 춤, 위스키 병, 립스틱, 자동차, 영화 등에 낭비할 시간이 없다." 많은 부모들이 자기 아이들에게 일어난 변화를 반겼다. 규율과 체력, 근면, 우월함을 추구하는 일, 국가의 전통에 대한 자부심, 목적의식 등을. 하지만 일부 부모들은 히틀러 청소년단이 너무 군국주의적이라고 생각했다. 자기 아이들이 수류탄 던지기와 소총 쏘기 훈련, 그 밖의 전쟁 관련 행동을 하는 것을 달갑지 않게 여겼다. 그들은 '위대한 전쟁'의 공포를 되새겼다. '위대한 전쟁'이란 당시 제1차 세계대전을 이르는 말이었다. 그들은 아이들이 그와 같은 또 다른 전쟁을 준비하는 것을

바라지 않았다.[5]

일부 부모의 '위대한 전쟁'에 대한 공포는 들어맞았다. 히틀러 청소년
단은 규율과 복종으로 점철된 교육을 받고 난 뒤 나치에 비판적이라는
이유로 자기 부모를 고발하고, 유대인들을 향한 폭력과 학살에 가담했으
며, 전쟁에 나섰다. 삶의 목적을 히틀러의 뜻과 나치의 목적에 합치시킨
결과였다.

연애나 사랑, 우정, 앎에 대한 욕구, 국민이 아닌 인간으로서 누려야
할 권리 등은 철저히 보류되었다. 아니 배제되었다. 파시즘이라는 전체
주의 국가의 비뚤어진 광란 속에 개인의 자유는 발붙일 곳이 없었고, 반
대자들은 강제수용소로 보내졌다. 자유는 물론이고 인간으로서의 권리,
아니 인간의 존엄성을 무시당한 채 말이다.

히틀러 치하의 독일에서 살아남기 위해서는 히틀러의 목적과 자기
삶의 목적을 동일시해 적극적으로든 소극적으로든 나치에 가담하거나
아무것도 모르는 것처럼 숨죽여야 했다. 이런 과정이 단박에 이루어진
것은 아니다. 히틀러는 서서히 개인의 자유를 말살하며 독일 국민이 저
항하는지 여부를 시험했다. 독일인들은 저항하지 않았고 스스로 자유를
보류했다. 독일 국민들이 그러는 데 익숙해졌을 때쯤, 미국을 비롯한 서

---

5 같은 책, 38-39.

방 국가들이 유대인 강제수용에 무관심한 태도로 일관하자 히틀러는 인종말살 정책과 같은 극악무도한 일을 벌인다. 독일인들과 다른 나라들의 무관심, 아니 알면서도 모른 체하는 태도가 아니었다면 절대 불가능한 일이었다. 이것이 자유를 보류한 대가다. 크리스탈나흐트 때 독일인들이 보인 태도가 이를 극명하게 보여준다.

1938년 11월 9-10일에 걸쳐 일어난 이 사건은 '크리스탈나흐트'(Kristallnacht), 즉 깨진 유리의 밤으로 알려져 있다. 가해자의 대부분은 나치 돌격대와 친위대원들이었지만, 유대인과 그 재산에 대한 이 공격에는 히틀러 청소년단 단원들도 다수 가세했다. 많은 독일 보통 사람들도 자진해서 가담했다. 크리스탈나흐트도 충격적이었지만 수십만의 독일인들이 이웃 유대인들이 살해당하거나 두드려 맞고 군용 트럭에 태워져 끌려가는데도 가만히 서서 구경만 하고 있었다는 것은 더욱 충격적이었다. 역사학자 다니엘 요나 골트하겐은 "그날은 독일인들이 유대인들을 지지하여 연대 봉기한 날이 될 수도 있었다. 하지만 그러지 못했다"고 말했다. 대신 수십만의 독일인들이 그다음 날 뉘른베르크에서 열린 반유대 집회에 참가했다. 이곳에서 사람들은 크리스탈나흐트를 축하했다.[6]

---

6 같은 책, 67.

자유롭다는 착각

문제는 당시 독일인들이 자유를 그냥 보류한 게 아니었다는 사실이다. 당시 독일 국민 대다수에게 히틀러는 구세주와 같았다. 이들은 히틀러에게 오류가 없다고 생각했고, 정부가 할 일이라는 생각 때문에 정치에는 무관심했다. 제2차 세계대전이 끝나고 독일(서독)에 가서 나치 치하의 독일인들을 인터뷰한 미국 언론인 밀턴 마이어의 저서 『그들은 자신들이 자유롭다고 생각했다』에는 평범한 독일 국민들이 나치 치하에서 어떻게 나치즘에 동조했는지가 잘 드러난다.

이제 나는 어떻게 해서 나치즘이 독일을 휩쓸게 되었는지를 좀 더 잘 알게 되었기 때문이다. 이는 외부의 공격을 통해서도 아니었고, 내부의 전복을 통해서도 아니었으며, 오히려 적극적인 기쁨의 함성과 외침을 곁들여가면서 이루어진 일이었다. 그것이야말로 대부분 독일인이 원했던, 또는 현실과 환상이 조합된 압력 하에서 결국 원하기에 이른 일이었다. 그들은 나치즘을 원했다. 그들은 나치즘을 가졌다. 그리고 그들은 나치즘을 좋아했다.…국가는 참나무와 돌로 만들어진 것이 아니라 인간으로 만들어지는 것이며, 그 인간이 어떠한지에 따라서 그 국가도 어떠한지가 결정된다는 것이다.[7]

---

7   밀턴 마이어, 박중서 역, 『그들은 자신들이 자유롭다고 생각했다』(갈라파고스, 2014), 12-13.

제1차 세계대전의 패전국인 독일은 엄청난 전쟁배상금과 인플레이션, 실업 등에 시달렸다. 그 틈을 비집고 등장한 나치즘은 독일인들이 원했던 '삶'을 안겨주었다. 물론 '아리아인'이라 불렸던 이들에게만 해당되는 말이다. 유대인이나 집시, 나치즘에 반대하는 이들에게는 가혹한 형벌이 내려졌다. 집단적인 학살이 벌어졌고, 어느 날 이들은 독일인들 사이에서 사라졌다. 그러나 평범한 독일인들은 삶에 아무런 불편을 겪지 않았다. 오히려 그들에게는 이때가 '찬란한 시기'였다.

내가 만난 아홉 명의 친구들의 삶은 (심지어 열 번째 친구인 교사의 삶조차도) 자신들이 아는 국가사회주의에 의해 가벼워지고 찬란해졌다. 이제 와서 돌아보면 그들 중 아홉 명에게는 분명히 그때야말로 자기 삶에서 최고의 시기였다. 그들의 삶이 어땠기에 그러했을까? 우선 그들은 직장이 있었고, 고용이 보장되어 있었다. 아이들은 여름 캠프에 가고, '히틀러 소년단' 때문에 거리를 함부로 쏘다니지 않았다.…부모가 아이에 대한 걱정을 덜게 되면 집안일도 잘 돌아가게 마련이었다. 집안일이 잘 돌아가고, 게다가 직장까지 있다면, 남편이자 아버지인 사람이 과연 무엇을 더 바라겠는가? 이때야말로 그들의 삶에서는 최고의 시기였다. '기쁨을 위한 힘'이라는 프로그램을 이용하면 온 가족이 단돈 10달러에 여름에는 노르웨이, 겨울에는 에스파냐로 휴가 여행을 다녀올 수 있었다. 이 프로그램을 이용하는 사람 대부분은 국내나 해외로의 진짜 휴가 여행을 한 번도 꿈꾸어보지 못한 상태였다. 크로넨베르크에서는 '아무도' (즉 내 친구들이 아는 사람 중에는 아무도) 추위에 떨지 않았고, 아무도 굶주리지 않았으며, 아무도 아픈 상태로 방치되지 않았다.…물론 공포도 있었다. 하지만 이 사실은 어디에서도 선전되지 않았으며, '아무에게도' 도달하지 않았다.[8]

전과는 비교도 할 수 없을 만큼의 혜택을 받는 독일인들에게 나치는 구세주와 같았다. 비록 조금씩 자유가 침해되고 있었지만 견디기 힘든 정도는 아니었다. 독일인들은 독일민족 이외의 사람들이 탄압받는 것에도 무감해졌다. 그것은 당연한 일이 되었고, 이들은 그 당연함을 즐겼다. 다음의 사례를 보자.

1938년 11월 10일, 그러니까 유대교 회당의 방화가 벌어진 다음 날, 미국의 한 통신사에서는 베를린 교외에서 벌어진 사소한 사건을 하나 보도했다. 유대인 소유의 과자가게 유리창이 깨진 틈을 타서 한 떼의 아이들이 과자를 잔뜩 훔쳐 달아나는 사이에, 그 아이들의 부모를 포함한 한 떼의 어른들은 가만히 서서 그 광경을 지켜보기만 했다는 것이었다. 그중에는 '갈색셔츠' 제복을 입은 SA 대원들도 포함되어 있었다. 그때 마침 한 '아리아인' 노인이 그쪽으로 걸어왔다. 그는 거기서 벌어지는 일을 보자마자 아이들의

---

8 같은 책, 80-81.

부모들을 돌아보며 이렇게 말했다. "당신들은 지금 유대인을 괴롭힐 뿐이라고 생각하겠지. 하지만 당신들은 지금 자기가 뭘 하는지도 모르고 있어. 지금 당신들은 자기 아이들에게 '도둑질'을 가르치는 거라구." 노인이 이말을 남기고 가버리자 그제야 부모들은 군중 사이에서 걸어나왔다. 그러고는 아이들에게 갖고 있던 과자를 내버리게 하고, 아이들을 끌고 황급히 그곳을 떠나버렸다.[9]

평범한 독일인들의 도덕은 이렇게 무너지고 있었다. 그와 함께 이들의 자유마저 박탈되고 있었다. 그러나 그 사실을 아는 사람은 많지 않았다. 독일인들은 자기 주변의 유대인들이 사라지거나 탄압받거나 약탈을 당해도 항거하지 않았다. 자기 일이 아니었기 때문에, 또 이런 일들이 반복되어 일어나면서 무감해졌기 때문이다.

아무도 눈치 채지 못한 게 하나 있습니다.…여기서 벌어진 일이란, 국민들이 점차적으로 조금씩, 조금씩 습관화되는 것이었습니다. 즉 깜짝 조치에 의해 통치되는 일에 습관화되고, 비밀리에 내려진 결정을 받아들이는 일에 습관화되는 것이었습니다. 또한 상황이 워낙 복잡하기 때문에 정부는 차마 국민이 이해할 수 없는 정보에 따라 행동할 수밖에 없다는 주장이라든지,

---

9 같은 책, 81-82.

또는 상황이 워낙 위험하기 때문에 설령 국민이 그 정보를 이해한다 하더라도 국가안보 때문에 차마 공표할 수 없다는 주장을 믿는 일에 습관화되는 것이었습니다. 그리고 이들이 히틀러와 자기 자신을 동일시한 것이며, 이들이 히틀러를 신뢰한 것 등이 이 간극을 더 쉽게 넓혔고, 자칫 이에 대해 우려했을 사람들까지 안심하게 만들었던 것입니다.[10]

독일인들은 나치 치하에서 스스로가 자유롭다고 생각했다. 자신을 옥죄는 나치 정부의 강제적인 명령이 삶을 크게 침범하지 않는다고 여겼다. 평범한 독일인에게는 그랬다. 그러나 유대인과 집시 등은 그러지 못했다. 그들은 나치가 정권을 잡은 이후부터 자신들의 생활기반이 위태로워진 걸 알았다. 그러나 유대인들도 평생에 걸쳐 살아온 독일이나 폴란드, 오스트리아 등의 국가에서 내쳐질 거라고는 예상하지 못했다. 정확히 말하면 강제수용소로 보내져 학살의 희생양이 될 줄은 몰랐다. '설마'가 '현실'로 드러나기까지 독일인들은 무관심으로 일관했고, 습관처럼 이루어지는 유대인 등에 대한 탄압을 큰 문제로 여기지 않았다. 심지어 전쟁이 끝난 이후에도 그랬다. 그들 대다수는 저항할 필요조차 느끼지 못했다. 그저 자신들에게 주어진 찬란한 삶만을 누렸을 뿐이다.

비단 독일에서뿐이었을까? 제2차 세계대전 당시 미국과 영국에서도

---

10 같은 책, 235-236.

이런 일들이 벌어졌다. 미국의 루스벨트 대통령은 1942년 2월, 태평양 연안 지역의 일본인들이 국가안보에 위협이 된다는 군부 내 인종차별주의자들의 주장에 따라 대통령령 9066호에 서명했다. "이로써 영장이나 기소절차, 심문절차 없이 태평양 연안 지역에 거주하는 모든 일본계 미국인—남자, 여자, 어린아이 모두 합해 11만 명—을 체포하여 훨씬 내륙 지역에 있는 수용캠프로 이송, 구금"했다. 1944년 미국 대법원은 이 조치가 군사적 필요에 의한 것이니 합법적이라고 판결했다.[11]

영국에서는 "독일식 이름을 가진 사람들을 추려내 격리시켰"고 "독일 이름을 가진 다수의 유대인 피란민들도 체포되어 같은 수용소에 수용"되었다. 또 "1940년 6월 이탈리아가 제2차 세계대전에 참전하자 윈스턴 처칠은 영국에 거주하고 있는 수천 명의 이탈리아인들을 '체포하라'는 명령을 내렸"고 "이탈리아인 상점과 식당의 유리창이 애국적 폭도들에 의해 박살났"으며 "이탈리아 수용자들을 캐나다로 실어나르던 영국 선박 한 척이 독일 잠수함에 의해 격침되어 전원이 물에 빠져 죽"는 일도 발생했다.[12]

이런 말도 안 되는 일이 벌어졌지만 이에 반대하는 이들은 소수에 불과했다. '전시상황'이라는 미명 아래 미국과 영국에 살고 있던 시민들의

---

11 하워드 진, 이아정 역, 『오만한 제국』(당대, 2001), 160.
12 같은 책, 162-163.

자유가 억압당했는데도 말이다.

너의 자유는 곧 나의 자유다

남의 자유가 침해되기 시작하면 나의 자유 역시 그렇게 되기 마련이다.
나치즘에 저항했던 니묄러 목사의 유명한 발언이 그것을 잘 말해준다.

그들이 처음 공산주의자들에게 왔을 때

나는 침묵했다

나는 공산주의자가 아니었기에

이어서 그들이 사회민주당원들에게 왔을 때

나는 침묵했다

나는 사회민주당원이 아니었기에

이어서 그들이 노동조합원들에게 왔을 때

나는 침묵했다

나는 노동조합원이 아니었기에

이어서 그들이 유대인을 덮쳤을 때

나는 침묵했다

나는 유대인이 아니었기에

이어서 그들이 내게 왔을 때

그때는 더 이상 나를 위해 말해줄 이가

아무도 남아 있지 않았다[13]

너의 자유가 침해되기 시작하면 나의 자유가 침해되는 것도 시간문제다. 너의 자유가 침해될 때 나의 자유 역시 그리 될 것이라는 자각을 가지고 서로 연대하고, 함께 저항해야 한다. 저항은 쉽지 않지만, 또 저항한다고 해서 뭐가 달라질 것 같지도 않지만 그럼에도 저항하지 않으면 그 폐해는 더더욱 커지게 마련이다. 밀턴 마이어가 만난 독일의 한 교수는 이렇게 말했다.

그 모든 일이 벌어진 이후로 저는 다음과 같은 두 가지 격언을 여러 번, 정말 여러 번 숙고했습니다. 하나는 '처음부터 저항하라'이고, 또 하나는 '끝

---

13 밀턴 마이어, 박중서 역, 『그들은 자신들이 자유롭다고 생각했다』(갈라파고스, 2014), 239.

을 생각하라'였습니다. 하지만 처음에 저항하기 위해서는 끝을 예견하거나 최소한 '바라볼' 수 있어야 합니다. 즉 명료하고도 확실하게 끝을 예견해야만 하는 겁니다. 그런데 일반인이 어떻게, 또는 심지어 비범한 사람이라 하더라도 어떻게 그런 일을 할 수 있겠습니까? '어쩌면' 이곳의 상황도 그렇게 멀리까지 진행되기 이전에 바뀔 가능성이야 있었습니다. 물론 실제로는 바뀌지 않았습니다만, '어쩌면' 그럴 수 있었다는 겁니다. 그리고 우리 모두는 바로 그 '어쩌면'에 내기를 걸었던 겁니다.[14]

딴은 그렇다. '어쩌면 여기서 멈추지 않을까', '설마 그렇게까지 하겠어?', '뭔가 잘못 알고 그렇게 한 거겠지'라는 말로 자유를 억압하는 자들—독재권력, 회사 상사, 온갖 갑들의 행위—을 이해하려고 하는 순간, 내 자유가 위협당하는 것이다. 내 자유는 자기합리화나 '갑'들의 적선으로 얻어지는 게 아니지만 우리는 이런 상황을 쉽게 지나치려 한다. 그리고 자신이 자유롭다고, 남을 생각하고 배려할 줄 아는 착한 사람이라고 착각한다. 여기서 자유를 위협하는 싹이 자라게 된다. 자유롭다는 착각은 억압의 주체와 그들의 행위에 날개를 달아주는 것에 불과하다.

---

14 같은 책, 238.

밀턴 마이어는 독일인들 때문에 나치즘이 출현했다고 단정 지어 말할 수는 없지만, 그들의 기질이 나치의 출현을 가능케 했다고 평한다. 그러나 그게 꼭 독일인이었기 때문일까? 어떤 민족이나 국가의 국민이 가지는 기질의 존재를 완전히 부정하거나 긍정하는 것은 아니지만 어쨌든 기질이란 게 영향을 미칠 수는 있다. 그러나 기질만으로, 또 결과론적인 입장에서 나치의 출현을 분석하기에는 무리가 있다. 왜냐하면 파시즘의 징후가 나치 독일 이후에도 세계 곳곳에서, 심지어 21세기 대한민국에서도 조금씩 발견되고 있기 때문이다.

나치의 특징은 부정(否定)의 죽음이었다. 나치를 긍정하지 않는 사람, 나치로부터 국민이 아니라고 낙인찍힌 사람들은 죽음의 길로 들어서야 했다. 이들에게 반대 의견은 존재해서는 안 됐고, 정부를 믿지 못하는 이들 역시 있어서는 안 될 것이었다. 총통과 당의 명령은 반드시 지켜야 할 지상명령이었고 그 명령을 따르지 않는 사람들은 적을 이롭게 하는 비국민이었다.

스탈린 체제의 소련도 마찬가지였다. 체제에 반대하는 사람은 수용소행이었고, 수많은 책이 금서로 지정되었다. 어제까지 당의 동지였던 자라 해도 숙청당하고 나면 공식적인 기록에서 없어졌고, 스탈린과 찍은 사진에서도 사라졌다. 스탈린 체제 하에서 과거의 역사를 조작하고, 대중을 기만하는 행위는 습관적으로 이뤄졌다.

　이런 일들은 한 번에, 순식간에 벌어진 것이 아니다. 자유를 구속하는 행위가 이어지면 습관이 되고, 습관으로 자리 잡으면 부자유에 무감해진다. 사람들의 무감은 곧 정권의 권력남용으로 이어지고, 권력남용이 계속되면 이 역시 습관이 된다. 악순환이 이어지고, 과거에는 분명 저항했을 일에도 별다른 문제의식조차 느끼지 않고 지나가는 것이다.

　우리 사회에서도 그런 현상이 나타나고 있다. 아니 한때 희석되었던 자유를 억압하는 습속이 다시 살아난 상태다. 이게 다 자유를 보류한 대가요, 자유를 보류하는 데 너무나 익숙해진 결과다. 내 자유를 침해받고도 가만히 있으면 같은 일이 두 번 세 번 반복되기 쉬운 데다 점점 그 강도가 세지게 마련이다. 그렇게 우리의 자유는 보류되고, 우리는 자유를 보류하는 데 길들여졌다.

　자유. 스스로 결정하고 스스로의 삶을 살아가는 자유. 그 자유를 당신은 누리고 있는가? 적어도 난 아니다. 어떻게든 내 자유를 지켜가고 싶지만 현실은 그리 녹록치 않다. 그래서 내 삶을 내가 결정하고 책임지는, 온갖 부자유의 틀을 깨고 독립적인 객체로 서기 위한 자유는 투쟁의 산물일 수밖에 없다. 길들여짐에 대한 저항일 수밖에 없다. 그러나 그 저항과 투쟁은 결코 쉽지 않다. 그 과정에서 홀로 될 수밖에 없는 일이기 때문이다. 무리에서 벗어나 혼자만의 목소리를 내기는 어렵다. 그럼에도 자유롭다는 착각의 늪에서 벗어나 진정으로 자유롭고 싶다면 자유를 꿈꾸며 나를 옭아매는 부자유의 동아줄을 끊어내야 할 것이다. 자유롭다는 착각에서 벗어나는 일이 그 시작이 될 것이다.

그래서, 이제, 당신에게 묻는다. 과연 당신은 자유로운가?

3

길들여짐,
복종의 시작

지금은 없는 이야기?

부모 없는 한 불행한 소년이 있다. 자신을 놀리는 아이들에게 분노를 표하려던 찰나 천사가 나타나 그를 설득한다. 참으라고. "네가 먼저 참고 용서하렴. 그럼 언젠가 그 아이들도 자기 잘못을 뉘우칠 거야"란 말과 함께. 불행한 소년이 불행한 청년으로 성장해 역시 자신을 무시하는 사람들에 대해 분노와 절망에 빠졌을 때 천사가 다시 나타나 말한다. 참으라고. "힘을 내세요. 그 사람들도 제각각 괴로움이 있답니다. 모두가 불쌍한 사람들이에요"라는 말과 함께.

불행한 청년이 불행한 노인이 되어 작은 쪽방에서 홀로 죽음을 맞이하게 된다. 불행한 노인이 "천사님이 시키는 대로 참고 용서하고 열심히 일했습니다. 그런데 저는 지금 아무도 없는 곳에서 비참하게 죽어가고 있네요"라고 말하자 천사는 "비참하다고 말하지 마세요. 당신의 삶은 가치 있는 삶이었어요. 그리고 아직 제가 옆에 있잖아요"라고 말한다.

그러자 그 노인은 갑자기 솟아나는 분노와 슬픔 속에서 천사를 죽인다. "평생 동안 나를 속인 거야"라는 말과 함께. 그렇게 죽은 천사가 쪽방촌 여기저기서 나타나 하늘로 올라가는 장면을 마지막으로 이 만화는 끝

이 난다.[1]

만화가 최규석의 우화집 『지금은 없는 이야기』에 실린 "불행한 소년"이란 에피소드다. '지금은 없는 이야기'란 반어적인 제목을 달고 나온 이 우화집은 지금도 일어나고 있는 일들을 우화라는 형식을 빌려 표현함으로써 현실의 부조리를 여실히 드러낸다. 이 책 속의 여러 에피소드 중에서 가장 기억에 남았던 게 "불행한 소년"이었다.

왜 그랬을까? 이 만화 속에서 길들여짐의 끝을 보았기 때문이다. '천사'는 선한 존재다. 그 존재가 청년의 분노를 잠재운다. 다른 이들도 그렇게 산다며, 소년을 놀리는 아이들도 따지고 보면 불쌍한 존재라며, 청년의 헛헛한 현실과 노인의 불행한 죽음을 야기한 모든 요인을 아무것도 아닌 일로 둔갑시킨다.

길들여짐이란 이런 거다. 하면 되는 것과 안 되는 것이 무엇인지 타자가 정해주고, 그에 따르는 행위를 길들여짐이라 여겨도 무방하다. 문제는 그런 길들이기가 어릴 때부터 성인이 되어서까지 계속된다는 것이다. 무언가에 길들여지면 쉽게 순응하고, 순종과 복종으로 치닫게 된다. 저항과 분노의 행동을 보류하는 순간 길들이기는 습속이 되고, 사회통념이 되어버린다. 그럴 때 저항은 멀어지고, 개인의 자유 역시 요원해진다.

---

1 최규석, "불행한 소년", 『지금은 없는 이야기』(사계절, 2011), 20-31.

나는 최규석의 또 다른 만화 『울기엔 좀 애매한』도 이렇게 읽었다. 입시 미술학원이 배경인 이 만화에는 스스로 '불가촉 루저'라고 부르는 가난한 학생들이 나온다. 대표적 인물들이 주인공인 '원빈'과 '은수'다. 학원 비조차 못 낸 이들이 나누는 대화, 한번 들어보자.

> "한겨울에 보일러 기름이 없는 거야. 끓인 물을 페트병에 넣어서 끌어안고 자봤냐? 아침에 그 물로 샤워도 한다."
>
> "한 달 동안 초코파이만 먹어봤어요?"
>
> "참치캔 헹군 물에 라면 스프 넣고 끓여 먹어봤냐?"
>
> "그거면 석 달은 먹죠. 40평 아파트에서 등교했다가 월세방으로 하교해 봤어요? 인생이 자이로드롭입니다."
>
> "너 졸라 잘 살았구나? 난 모태 빈곤이야. 어디서 깝쳐?"[2]

'모태 빈곤' 은수는 재수생이다. 대학에 합격했는데 등록금이 없어 다시 학원을 다니며 재수를 한다. 원빈은 부모님이 이혼하고, 어머니가 식당일을 한다. 그가 뒤늦게 학원에 들어온 것은 어머니가 큰마음을 먹었

---

2 최규석, 『울기엔 좀 애매한』(사계절, 2010), 50.

기 때문이다. 모태 빈곤이든, 한때는 잘 살다가 가난해졌든 이 둘은 가난한 집안의 가난한 학생들이다. 학원비도 밀리는 처지에 대학등록금을 구하기란 쉽지 않은 일. 그래서 미술학원 선생이자 작가 자신의 분신인 '태섭'은 이들에게 마음자리가 가 있다. 태섭 역시 이들과 별반 다르지 않은 형편이기 때문이다. 태섭의 말이다.

> 다른 걸 볼 기회가 없었어. 대학에 가면 뭘 하는지도 몰랐지만 대학에 안 가면 어떻게 되는 건지 아무도 가르쳐주질 않았어. 그냥 겁만 줘. 무슨 폭탄 돌리기도 아니고···. 자꾸 다음 단계로 넘기기만 하는 거야. 그리고 나에게는 학자금 대출 채무가 남았지.[3]

이들은 모두 은수의 말처럼 '불가촉 루저'다. 탈출구 없는 루저다. 당장 필요한 학원비도 없고, 대학등록금도 없고, 대학을 졸업한 뒤에도 학자금 대출 채무가 남는 이들. 먼 얘기 같은가. 생각보다 먼 얘기가 아니다. 생각해보라. 요즘 유난히 증가한 대학생들의 자살, 대학등록금 때문에 아르바이트를 하다 하다 지쳐, 빚 갚으라는 독촉에 지쳐 스스로 목숨을 끊은 이들을 생각해보라. 생각보다 먼 얘기, 아니다.

그래서 "한국 입시제도는 교육정책이 아니라 고용정책"이란 말, 동의

---

3 같은 책, 129.

한다. "돈도 재능이야"란 말 속에 현실이 담겼다는 것, 동의한다. 가정 형편이 어려운데도 만화가란 꿈을 위해 애쓰는 은수를 바라보며 동생이 한 "나한테 꿈이 없는 게 참 다행스럽달까"란 말에도 동의한다. 그리고 울기엔 좀 애매한 상황이라는 데도 동감한다.

> "그게 말이지, 나도 그래서 한번 울어볼라고 했는데…. 이게 참 뭐랄까…. 울기에는 뭔가 애매하더라고. 전쟁이 난 것도 아니고 고아가 된 것도 아니고…."
> "웃거나 울거나만 있는 건 아니잖아. 화를 내는 것도 가능하지."
> "누… 누구한테요?"
> "그게 문제지."[4]

누구한테 화를 낼지 모른다는 건 화낼 대상이 너무 많거나 이 사회 전체가 그 화를 받아야 하기 때문인지도 모른다. 어찌됐든 분노의 표적은 특정되지 않는다. 그래서 이들은 울고 싶지만 울기엔 좀 애매한 시공간에 낀 채 말라가고 있다. 조용히 세상에 순응하거나 불특정 다수에게 빗나간 분노를 표하면서 말이다.

이 만화에서 주인공들이 처한 단계는 길들이기의 과정이다. 대학입시

---

4 같은 책, 111.

가 끝나면 어떨까? 대학에 들어가거나 직장에 취직하거나 실업자가 되어도 길들이기는 계속된다. 모든 게 '내 탓'이 된다. '남 탓'은 나쁜 거라는 통념 속에서 탓할 것은 내 능력 부족뿐이다. 그렇게 자존감이 무너지고 여건이 좋아지지 않는 한 자멸과 파멸의 길에 들어선다. 오직 '내 탓'만 하면서 말이다. 그렇게 우리는 길이 들어가고 있다. 아니 이미 길이 들었다.

우리는 조용히 죽어가고 있다

고(故) 리영희 선생은 생전에 '정명'(正名)을 강조했다. 어떤 문제를 정의할 때 제대로 된 이름을 붙여야 문제의 본질을 정확히 파악할 수 있다는 얘기다.

> 어떤 행위, 형상, 성질, 관계의 이름은 그 내용과 성질들을 드러내 보이게끔 정확해야 한다. 공자(孔子)의 『논어』(論語)에 "정명"(正名)이라는 항목이 있다. 한 제자가 공자에게 "정치의 요체가 무엇입니까?"라고 묻자 공자는 "이름을 바르게 지어서 바른 이름을 쓰는 것이다"라고 대답하였다. 즉 정명(正名)이다.[5]

---

5 리영희, "8·15 50주년", 『스핑크스의 코』(까치, 1998), 176.

그러면서 리영희는 일본인들이 1945년 8월 15일에 벌어진 사건을 '종전'(終戰)이라고 쓰지 말고 '패전'(敗戰)으로 명명해야 한다고 얘기한다. 종전은 "계속된 전쟁이 끝났다는 사실의 뜻밖에 없"고, "누가 누구하고 싸웠고, 누가 이겼는지 누가 졌는지, 또는 이긴 자도 없었고 진 자도 없었는지, 전쟁 도발의 책임자가 있었는지 없었는지, 전쟁 범죄자에 대한 처벌이 있었는지 없었는지, 도대체 전쟁 범죄자의 개념조차 의식되었는지 안 되었는지"를 모호하게 만들기 때문이다.[6] 반면 "'패전'이라고 하면 분명히 승리한 자가 있고 항복한 자가 있다는 것인데, 그렇다면 전쟁의 원인과 결과가 밝혀질 것이고 또 전쟁을 일으킨 자가 있었다면 처벌을 받게 될 것"이며 "전쟁에서 항복한 쪽은 전쟁의 아픔을 회상하거나 다시는 그런 짓을 저지르지 말아야겠다는 반성을, 적어도 후회하는 심정이라도 가지게 될 것"이라는 얘기다.[7] 일본인들이 1945년 8월 15일을 패전일이 아닌 종전일이라고 부르는 것은, 결국 전쟁과 식민지배에 대한 책임을 회피하기 위한 단어 선택일 뿐이다. 그래서 리영희는 정명(正名)을 강조한다.

왜곡된 이름 붙이기는 길들이기의 또 다른 단면이다. 제대로 된 이름이 붙지 않으면 오해가 생기고, 오해는 사실로 굳어지며 문제 해결은 멀

---

6 같은 책, 175.
7 같은 책, 176.

어진다.

리영희가 강조했던 정명(正名)은 지금도 깡그리 무시된다. 청년들의 노동력 착취를 '열정페이'라고 미화한다. 예술가들의 노동력 착취를 '재능기부'라는 그럴싸한 말로 둔갑시킨다. '젊어서 고생은 사서도 한다'는 속담이 청년실업 문제를 해결해야 할 정치인의 입에서 자연스럽게 흘러나온다. '명예퇴직', '희망퇴직'이란 말은 구조조정에 따른 해고를 에둘러 감싸고, '무상교육'과는 달리 '무상급식'이라는 말에는 좌파와 종북이라는 딱지가 붙는다. 적자생존(適者生存)이 진리처럼 떠돌고, "나만 아니면 돼"라는 말이 TV예능프로그램을 넘어 이 사회의 모토로 각인된다. '함께', '희망'이란 말은 사어(死語)가 된 듯하고, 보편복지는 선별복지에 비하면 매우 부당한 말처럼 인식된다.

그뿐인가? '김영란법', '세모녀법', '세월호법' 등 이름만 들어서는 정체를 알 수 없는 법의 이름이 그 실질적인 내용을 파악하기도 전에 언론을 통해 회자되고, 실체 파악도 안 된 상태에서 소모적인 논쟁이 벌어지고 만다. 편견과 고정관념, 장님 코끼리 만지기 식의 어렴풋한 인식 아래 정작 중요한 이슈는 묻히고 물타기가 진행된다. 그 와중에 대중의 관심을 받을 만한 아픈 현실 또한 묻히고 외면된다. 그사이 우리는 조용히 죽어가고 있다.

2011년 2월 17일 자 「경향신문」에 실린 이대근의 칼럼 제목은 "우리는 조용히 죽어가고 있다"였다. 과연 무슨 내용이었을까? 그것은 이 사회의 온갖 부조리와 불합리를 안고 있는 죽음의 기록에 관한 얘기였다.

지난해 8월 1일 동작대교에서 19세 소녀가 투신했다. "고시원비도 밀리고 너무 힘들다"는 문자메시지를 남긴 뒤였다. 이혼한 부모와 헤어져 혼자 살던 소녀는 고교 졸업 후 식당일을 했다. 소녀가 투신한 지 한 달여 지난 9월 6일엔 여의도 공원에서 50대 남성이 나무에 목을 맸다. 그 자리엔 빈 소주병 하나, 그리고 유서 넉 장이 있었다. 한동안 날품을 팔지 못한 그는 유서에 자신이 죽으면 장애 아들이 정부 지원을 받을 수 있을 거라고 적었다. 그로부터 엿새째 되던 날 창원 마창대교에서 40대 남성이 난간을 붙잡고 버티던 11살짜리 아들을 떠밀었다. 곧 그도 뛰어내렸다. 아내를 위암으로 잃고, 대리운전으로 살아온 날의 끝이었다. 다시 한 달쯤 지난 10월 19일 전주의 한 주택에서 30대 주부와 두 아이가 살해됐다. 남편은 집 가까운 곳에 목을 맨 채 발견됐다. 그는 2개월 전 실직했고 월세와 아이들의 학원비가 밀려 있었다.

해가 바뀌고 나흘째 되는 날 서울 하월곡동 지하방. 60대 부부가 기초생활수급비 43만 원으로 생활할 수 없다며 연탄을 피워 자살했다. 그로부터 아흐레 뒤 평택 주택가 차 안에서 30대 남성이 자살했다. 쌍용차 구조조정 때 희망퇴직했던 이다. 안산·거제를 전전했지만 일거리를 찾지 못했고 아내는 떠났다. 그에겐 어린 두 아이가 남았다. 그리고 지난달 29일 안양의 한 월세방. 가스가 끊겼고 수건이 얼어붙어 있었다. 음식을 해 먹은 흔적은 없었다. 그곳에 젊은 여성의 주검이 있었다. "저 쌀이나 김치를 조금만 더 얻을 수 없을까요"라는 쪽지를 이웃집에 붙여놓은 지 며칠 지난 뒤의 일이다. 다시 열흘이 흘러 강릉의 한 원룸. 대학생이 번개탄을 피워놓고 죽었다. 방에는 즉석복권 여러 장과 학자금 대출 서류가 있었다.[8]

신문 사회면에 실린 죽음이 이처럼 많았던가. 더구나 그 이유가 대부분 가난과 실직이었다니. 이대근은 2010년 8월부터 2011년 2월까지의 죽음에 대해 기록한 뒤 이것은 사회의 청부살인이라고 말한다.

참으로 공평한 세상이다. 일자리를 못 찾고 실직하고 벌이가 적고 병들고 월세·학원비 밀린 이들은 다리 위에서, 집에서, 차 안에서, 공원에서 죽는다. 만일 가장이 생계를 유지할 능력이 없다면 그의 가족도 살아남기 어렵다. 국가는 경쟁력 강화하고 선진화하느라 겨를이 없고, 사회는 이미 정글로 변해 아무도 남의 가족을 돌보지 않는다. 그래서 나온 해결책이 가족 살해다. 사회가 낙오자로 찍기만 하면 찍힌 이가 알아서 나머지 쓸모없는 가족을 사회로부터 제거한다. 이건 연쇄살인, 아니 청부살인이다. 그런데도 세상은? 너무 조용하다.

1980년대에 박종철·이한열의 사망은 즉각적인 분노를 불러일으켰다.

___
8   이대근, "우리는 조용히 죽어가고 있다", 「경향신문」, 2011년 2월 17일, 30면.

사람들은 각성했고 연대했으며 행동했다. 그때는 누가 죽였는지, 왜 죽어야 했는지 알고 있었고, 무엇을 해야 할지도 알았다. 하지만 요즈음은 어떤 신호도, 의미도 없이 죽어간다. 잠자는 사회를 깨우면 안 될 것처럼 남몰래 세상을 뜬다. 그런 죽음에는 어떤 긴장감도 없다. 성공한 자와 이긴 자들이 구축한 질서와 평화를 위협하지도 않는다. 이 죽음의 레짐에서 살아남는 것, 이것만 문제일 뿐이다.[9]

이대근의 말처럼 이들은 잠자는 사회를 깨우면 안 될 것처럼 남몰래 세상을 뜬다. 조용한 죽음이다. 절대 조용해서는 안 될 죽음임에도 조용한 죽음의 기록은 계속되고 있다. 그럼에도 누구도 이에 저항하지 않는다. 그냥 남의 일일 뿐이다. '쯧쯧' 하고 혀 한 번 차주면 다 끝나는 일이다. 그 와중에 우리는, 나와 당신은, 우리가 살고 있는 이 사회는 조용히 죽어가고 있다.

우리는 왜 침묵하는가?

전선이 불명확하면, 또 적이 불명확하면 싸워야 할 때 싸우지 못한다. 이

---

9 같은 글, 30면.

게 저 끔찍한 죽음이 계속되고 있는 이유 중 하나일 것이다. 하지만 그게 다가 아니다. 침묵의 주된 이유는 반복되는 사건으로 인한 익숙함과 길들여짐, 그로부터 파생되는 무관심이다.

1997년 외환위기 때부터 한국 사회에는 자살자가 급증했다. 실직과 가난으로 살아갈 희망을 잃은 이들이 스스로의 삶에 종지부를 찍었다. 언론은 자살에 대한 기사를 지면이 넘치게 실었고, 세세한 자살 방법까지 알려주며 자살 관련 기사를 올렸다. 실직 가장부터 입시 부담에 시달리는 청소년, 학자금 대출 상환 부담에 고통 받는 대학생, 각종 루머에 시달리는 연예인 등 한국 사회를 엄습한 자살은 나이도, 성별도 가리지 않았다. 그러나 자살에 대한 대책은 별반 달라지지 않았다. "나만 아니면 돼"라는 인식 아래 내가 아닌 남이 스스로 목숨을 끊는 것은 무관심의 대상이 될 뿐이었다. 그렇게 20년 가까운 세월이 흘렀고, 자살과 가족 살해는 일상이 되어버렸다. 익숙함 때문이다.

그러나 익숙함만으로는 이 기이한 현상을 설명할 수 없다. 여기에 하나가 더 보태져야 한다. 바로 길들여짐이다. 길들여진다는 것은 자살의 모든 원인을 개인에게 돌리는 것과 맥이 닿아 있다. 자살은 개인 탓이다, 자살하는 사람에게는 반드시 이유가 있다, 우울증이 원인이다, 심약해서 자살했다 등등. 자살로 생을 마감한 사람에게 따라붙는 온갖 편견은 자살을 모두 개인의 문제로 환원한다. 자살이 우리 탓이 아닌 네 탓이 되는 것이다.

자살이 아닌 다른 죽음에 대해서도 마찬가지다. 2009년 1월의 용산 참사가 그렇고, 2014년 4월의 세월호 참사가 그렇다. 이제 이런 사건과 죽음에는 하나의 공식이 생긴 것처럼 여겨진다. 그 공식이란 다음과 같다.

1단계, 사건이 발생하고, 사람이 죽는다.

2단계, 언론에서는 책임자 처벌과 원인 규명을 외친다. 그러나 일부 언론에서는 참사의 원인을 정부의 무리한 대응이나 무책임한 대응에서 찾기보다는 개인에게서 찾는다(용산의 경우 철거민, 세월호는 선장을 비롯한 승무원).

3단계, 정치권에서는 책임자 처벌을 다짐한다. 그러나 이는 얼마 가지 못해 흐지부지되고, 참사가 정쟁의 수단으로 이용되고 있다는 식의 물 타기가 시작된다.

4단계, 이 참사가 국가경제와 서민경제에 좋지 않은 영향을 주고 있다는 여론몰이가 시작되고, 경제를 살리기 위해 서둘러 사태를 봉합해야 한다는 언론보도와 정부 관계자의 말이 이어진다.

5단계, 희생자와 희생자 가족은 정부에 무리한 요구를 하는 피해의식에 사로잡힌 이들로 치부되고, 정부 또는 정부에 우호적인 집단들에 의해 희생자 가족이 모욕을 당한다.

6단계, 잊힌다.

단순화의 오류가 있지만 용산 참사와 세월호 참사는 대략 이런 식으로 흘러갔다. 2009년에도, 2014년에도 마찬가지였다. 다시는 이런 일이 발생하지 않도록 방지하는 문제 해결과 책임자 처벌은 제대로 이뤄지지 않았다. 정확히 말하면 정부에서 책임을 지는 일은 없었다. 이 모두가 개인 탓이 되었다.

용산 참사는 과도한 공권력을 무리하게 투입해서 발생한 일이었다. 세월호 참사는 대응 과정에서 정부가 책임을 통감해야 하는 일이었다. 그러나 이에 대한 정부 차원의 사과나 책임자 처벌이 이루어진 적은 없었다.

위에서 소개한 일련의 공식이 일반 대중에게 익숙함을 안겨준다. 사건이 처리되는 과정에서 정부는 쏙 빠지고 개인에게만 책임을 전가하는 것은 대중에게 모든 문제는 개인 탓이라는 식의 이데올로기 또는 습속을 심어주는 길들이기다. 정부에 맞서거나 정부 말을 듣지 않으면 피해를 입는다, 무엇보다 경제가 우선이다, 정부에 무리한 요구를 하면 모욕을 당한다, 정부에 맞서는 일은 계란으로 바위 치기다 등등의 말로 대중을 길들인다. 나서지 말라고, 맞서지 말라고 말이다.

이런 길들여짐은 대중의 침묵으로 이어진다. 여기에 하나의 과정이 더 보태진다. 침묵하지 않는 사람들에 대한 억압이다. 집회나 시위에 나서는 사람들을 과도하게 진압하는 일, 유언비어 유포자를 처벌한다고 엄포를 놓는 일, 대통령을 비난하는 전단을 돌리는 이들에 대한 검경의 즉각적인 수사 등은 대중의 침묵을 종용한다. 누구도 자유롭게 자기주장을 펼 수 없는 상황을 만드는 것이다. 권력자들이 노리는 것은 결국 침묵이고 침묵은 길들이기의 결과물이다.

대한민국 높으신 양반들의 실체

최근 권력집단의 길들이기가 가장 성공한 부분은 인사(人事)였다. 이명박·박근혜 정부에서 국무총리나 장관, 검찰총장 등 요직을 차지하고자 했던, 소위 '대한민국 높으신 양반'들은 인사청문회를 앞두고 '비리백화점'이나 '땅투기꾼', '스폰서검사', '언롱인' 등으로 표현되는 온갖 비리와 위법, 탈법, 범법의 혐의를 받았으나 거의 모두가 무사통과됐다. 그 와중에 대한민국의 높으신 양반이 되기 위한 절차는 있으나 마나 한 것이 되어버렸고, 인사 기준은 후퇴에 후퇴를 거듭했다. 고위 공직자를 향한 잣대가 하향 평준화되어버린 것이다.

길길이 날뛰며 인사에 반대해야 할 범법 사실이 고작 '흠' 정도로 전락했고, 독재권력에 부역하고 민주주의의 꽃이라 불리는 선거제도를 전면에서 부인했던 이들이 대통령의 수족이 되었다. 자신의 치부를 가리기 위한 온갖 궤변과, '유감'이라는 두루뭉술한 말로 행하는 사과, 지키지도 못할 약속을 남발해 인사청문회만 통과하자는 식으로 얼버무리는 허언이 넘쳐났다.

대선캠프에서 핵심 역할을 했던 참모가 독립이 생명인 방송통신위원장이 되는가 하면, '초원 복국집 사건'으로 공무원의 선거개입 금지 원칙을 깨고 적극적으로 선거에 개입했던 이가 대통령 비서실장이 되었다. 위장전입, 병역의무 위반, 다운계약, 땅 투기 등 다종다양한 범법 사실이 청문회 자리에서 밝혀졌고 대형로펌에서 억대의 자문료와 수임료를 받은 사실도 드러났다. 또 검찰총장 후보자가 오랫동안 기업인을 스폰서로 두었다는 의혹도 불거졌다. 그러나 어느 누구도 이때 드러난 비리로 처벌을 받지 않았다. 일부는 이를 꿋꿋이 이겨내고 정부 요직을 차지했고, 일부는 사퇴했으나 여전히 사회지도층으로 인정받고 있다. 몇몇 언론인들은 어제까지 여당에 우호적인 정치평론을 쓰다가 다음날 청와대로 입성했고, 대형로펌 출신 법조계 인사들은 청와대에 들어갔다 나오자마자 다시 그 로펌에 발을 들였다. 이것이 대한민국 높으신 양반의 실체다.

그러나 연예인의 병역비리나 탈세, 음주운전 등 위법사실에 대해서는 과도하게 흥분하던 언론과 대중은, 실질적 공인인 대한민국 높으신 양반에 대해서는 관대했다. 성공한 사람이라면 누구나 그런 흠결쯤은 갖고 있기 마련이라는 해괴망측한 논리가 횡행했고, 소신보다는 보신을 우선시했던, 항상 양지만을 쫓아다니며 권력에 굴종했던 이들이 대한민국 높으신 양반이 되는 걸 허했다. 이들을 철저히 검증하겠다던 야당은 청와대, 여당과의 거래를 통해 누구는 통과시키고 누구는 안 된다는 식으로 일부만 걸러내고 다른 일부는 통과시켰다. 이명박 정권부터 박근혜 정권까지 이런 일들은 개각 때마다 일어났다.

문제는 이런 일이 반복되면서 국민의 인사기준도 후퇴했다는 것이다. 대한민국 높으신 양반으로서 갖춰야 할, 공인으로서 반드시 갖춰야 할, 전문가가 갖춰야 할 자격에 대한 기준은 점점 내려갔고, 이제는 웬만한 범법 사실은 낙마 요건도 못 되는 현실이 계속되고 있다. 어느새 길들여진 것이다. 우리도 모르는 사이에 길들여진 것이다. 아니 정확히 말하면 승자의 논리에 편승하고 눈을 감아준 것이다. 그렇게 힘 있는 자들의 부정을 눈 감아준 사이 국민은 국가의 주인으로서의 권리도 잃게 되었다.

길들여짐의 결과, 복종

이런 인사기준의 후퇴는 『동물농장』(민음사, 1998)을 떠올리게 한다. 스탈린 치하 소련의 모습을 풍자한 조지 오웰의 『동물농장』에서 당의 강령은 지고지순하게 지켜야 할 정언 명령이다. 민중이라 일컬어지는 동물들은 고개를 갸웃하면서도 막연히 당의 명령이니까 옳을 것이라 믿고 받아들인다. 벽에 써놓았던 혁명 초기의 일곱 계명이 달라진 것을 알아차리고도 그냥 넘어가며 스스로 속박의 길로 걸어 들어간다.

그들이 처음 혁명에 성공했을 때 써놓았던 일곱 계명은 이랬다.

1. 무엇이건 두 발로 걷는 것은 적이다.

2. 무엇이건 네 발로 걷거나 날개를 가진 것은 친구이다.

3. 어떤 동물도 옷을 입어서는 안 된다.

4. 어떤 동물도 침대에서 자서는 안 된다.

5. 어떤 동물도 술을 마시면 안 된다.

6. 어떤 동물도 다른 동물을 죽여선 안 된다.

7. 모든 동물은 평등하다.[10]

이 일곱 계명을 하나로 압축한 말이 "네 발은 좋고 두 발은 나쁘다"였다. 그러나 나폴레옹을 비롯한 돼지들이 지배 엘리트가 되어 특권을 누리고, 동물농장의 동물들에게 '충성과 복종'을 강요하면서 서서히 혁명의 분위기는 가라앉는다. 나폴레옹은 인간이 그러했듯이 개들을 부리며 동물들을 위협했고, 침대에서 잠을 자기 시작했다. 그와 함께 벽에 써놓았던 네 번째 계명이 이렇게 바뀐다. "어떤 동물도 '시트를 깔고' 침대에서 자면 안 된다."

나폴레옹이 개들을 풀어 자기 명령에 반대하는 돼지들을 죽인 후에 여섯 번째 계명은 "어떤 동물도 '이유 없이' 다른 동물을 죽여선 안 된다"로 바뀌었고, 나폴레옹이 술을 마신 뒤부터 다섯 번째 계명은 "어떤 동물

---

10 조지 오웰, 도정일 역, 『동물농장』(민음사, 1998), 26.

도 '너무 지나치게' 술을 마시면 안 된다"로 바뀌었다. 돼지들이 두 발로 걷기 시작하자 "네 발은 좋고 두 발은 나쁘다"가 "네 발은 좋고 두 발은 더 좋다"로 바뀌었고, 일곱 계명은 다음과 같은 하나의 계명으로 바뀌었다.

"모든 동물은 평등하다. 그러나 어떤 동물은 다른 동물들보다 더 평등하다."

기억의 조작, 지배 엘리트의 특권의식, 당의 노선에 반발하지 않은 동물들의 태도가 빚은 결과다. 그리고 이를 우리 현실에 그대로 대입해도 큰 무리가 없다. 지배 엘리트가 가진 특권의식, 지배자들은 특권을 가질 만큼 성공한 사람들이라고 인정하는 현실, 세상 그 어디에도 깨끗한 사람은 없다는 냉소, 성공한 사람 편에 서고 대세에 따라야 한다는 굴종, 자리에 맞는 사람을 앉히기보다는 자리가 사람을 만든다는 속물적 관습 등이 인사기준의 후퇴를 막연히 지켜보게 한 원인이었다. 『동물농장』의 일곱 계명이 하나둘씩 바뀌고, 결국에 가서는 단 하나의 계명으로 바뀔 때까지 동물들은 고개를 갸우뚱거리기는 했지만 자신들의 권리와 농장을 되찾을 생각을 하지 못했다. 그들은 자신들을 억압하던 인간을 몰아낸 뒤 동물농장이 자기들 것이라 여겼다. 혁명으로 민중의 것이 된 자신들의 국가라고 여겼다.

그러나 돼지 나폴레옹은 그렇게 생각하지 않았다. 그에게 동물농장은 자신과 다른 돼지, 소수 지배자의 소유일 뿐이었다. 시간이 흘러감에 따라 나폴레옹과 그를 따르는 무리들은 본색을 드러냈고, 지배자로서의 면모를 마음껏 과시하며 결국 압제자인 인간의 모습으로 탈바꿈하게 된다. 이 모두가 길들여짐의 결과였고 복종의 시작이었다.

국가는 국민의 것인가?

여기서 한 가지 질문을 해봄 직하다. 국가는 과연 국민의 것인가? 국가를 국민의 것으로 만들기 위해서는 어떻게 해야 하는가? 일본의 소설가 마루야마 겐지는 다소 파격적인 주장을 한다. 국가는 불특정 다수의 것이 아니라 소수의 것이라는 얘기다. 그는 동서고금을 막론하고 국가가 국민의 것이었던 적은 단 한 번도 없다고 단언한다.

국가가 국민의 것이었던 적은 동서고금을 막론하고 단 한 번도 없다.…만약 특정 소수가 진심으로 국가와 국민을 위하는 길이 무엇인지를 생각하고, 또 진심으로 국가와 국민을 위할 수 있기를 바란다면 그렇게 일상을 적당히 보내지는 않을 것이다. 죽을힘을 다해도 다 처리할 수 없는 일들에 시달려 하루가 다르게 말라갈 것이다. 게다가 그렇게 풍족하게 생활하지도 않을 것이다. 진지하게 국민의 행복을 바라는 행정가라면 적어도 생활수준을 평균 정도로 낮추었을 것이고, 좀 더 마음이 있는 자라면 저소득층 생활에 맞추었을 것이다. 수치심 때문에라도 그렇게 하지 않을 수 없었을 것이다. 국가를 통솔하는 자로서 자기 위치를 자각하고 책임감도 강했다면 국민 한 사람이라도 비참한 처지에 있을 때에는 도저히 참을 수 없었으리라. 그러나 실상은 어떠한가. 그들은 나라가 어떤 상황에 빠져도 '풍족한 생활'을 포기하려 하지 않는다. 신분에 걸맞은 당연한 권리라는 듯이 생활하거나 훨씬 더 풍족한 생활을 누리는 사람도 있다는 사례를 구실로 국민을 대표하는 자라고는 도무지 믿기지 않는 생활을 유지한다. 이것만 봐도 그들이 어떤 목적으로, 무엇을 노리고 그 위치를 지향하고, 또 차지할 수 있는지를 알 수 있다. 입을 벌렸다 하면 '국가를 위하고, 국민을 위해서'라고 줄기차게 외치지만 실상은 그들 자신을 위함이다. 결코 다른 이유가 있어서가 아니다.[11]

파격적인 주장으로 들릴 수도 있지만 일리가 있는 말이다. 국가를 위한다는 말을 실질적으로 지킨다면 마루야마 겐지의 말처럼 권력을 가진 자들은 하루가 다르게 말라갈 것이다. 하지만 누구도 그렇지 않다. 정권의 수장과 각 부처의 장(長)들은, 또 국회의원 대부분은 너무나 풍족한 생활을 누리고 있고, 너무나 과한 명망을 떨치고 있다. 그러나 그들이 가진 탈법과 위법, 범법의 혐의는 너무나 쉽게 무시된다. 성공한 사람의 표상이기 때문이다. 성공하기 위해 그만한 위법을 저지르는 것은 당연하니 눈감아줘도 된다는 어이없는 관용과 사람을 보는 안목을 키우지 않고 이

---

11 마루야마 겐지, 김난주 역, 『인생 따위 엿이나 먹어라』(바다출판사, 2013), 52-53.

미지만을 좇아 투표하는 정치에 대한 무관심 때문이다. 이것이 마루야마 겐지가 이런 정치인에게 표를 준 국민들을 비판하는 대목이다.

국민들의 이런 의식은 하루아침에 생겨난 게 아니다. 정치에 대한 무관심은 오랫동안 정치혐오를 획책하고, 정치에 대해 무관심하도록 한 권력자들의 행태에서 기인한다. 정치권을 향한 기대가 무산되고, 여당과 야당의 차이가 무색해지고, 마음자리 둘 곳이 없어질 때 무관심이 싹튼다. 이 역시 일종의 길들이기다.

마루야마 겐지는 이렇게 권력을 잡고 국민을 억압하는 권력자들을 인간쓰레기라 칭한다. 그리고 이런 인간쓰레기에게 막대한 권력을 안겨준 국민이 국가의 적이라고 얘기한다.

이들은 자신들보다 규모는 조금 작으나 파렴치한 욕망을 채우기 위해 자신들에게 적극적으로 다가와 협력하고 같은 편이 되어주는 국민에게는 사탕을 물려주고, 반대로 부정하고 비판하는 국민에게는 혹독한 채찍질을 가한다.…자신들에게 위협적이거나, 자신들의 방식이 잘못되었다고 외치고 공공연하게 반대하고 나서는 자들에게는 눈에 띄지 않는, 겉으로는 폭력이라는 것을 알 수 없는 더 음흉한 수법으로 채찍을 휘두른다. 그 자의 인생을 봉인하고, 가능하면 암매장해버리려 끈질기게 획책한다. 출세를 방해하거나 직장에서 쫓아내는가 하면, 아예 직장을 갖지 못하게 하는 등 사회적인 음지로 내쫓아 해가 없는 인간으로 만들어버리는 것이다.…그런 짓을 태연

히 저지르는 피도 눈물도 없는 자들은 국민의 대표로 인정할 필요가 없거
니와 경의를 표할 이유는 더더욱 없다. 오히려 이 세상에서 가장 경멸해야
마땅한 인간쓰레기라는 인식을 굳혀야 할 것이다. 그들이나, 한 표를 던져
그들을 그런 지위에 올려놓은 자들이나 지은 죄는 같다. 그러니 국민을 배
신한 사건이 발각되었을 때, '그런 인간일 줄 몰랐다'거나 '속았을 뿐'이라
는 유의 흔히 듣는 변명은 통하지 않는다. 선택된 자나 선택한 자나 국가를
배신하는 악행을 저지른 것이다. 두 부류를 똑같이 부정하고, 철저하게 거
부하고, 최대의 적이라 간주해야 한다. 혹시라도 같은 국민이라고 여겨서는
안 된다. 세금을 포탈하거나 가로채려는 탐욕스러운 자들도 그렇지만, 그런
잡배를 자신들의 대표랍시고 국회로 보낸 자들 역시 국가의 적인 것이다.[12]

마루야마 겐지의 주장이 다소 과격하게 들릴 수 있지만 그의 말은 아
프게 와 닿는다. 서민경제 살리기를 외치는 위정자들의 재산과, 그 재산
의 형성과정을 살펴보면 더 그렇다. 범법 행위를 법으로 다스리겠다, 위
법자들을 엄벌하겠다고 외치는 지배 엘리트들 중 상당수는 사실 일반 국
민들보다 더한 위법 행위를 저지른 자들이다. 그럼에도 국민들은 이들
의 잘못을 묵과한다. 어쩌면 힘을 가진 이들에게 복종하는 것이 개인 신
상에 이롭다는 사실을 체득했기 때문인지도 모른다. 승자독식을 당연하

---

12 같은 책, 56-58.

게 여겨서인지도 모른다. 이런 악순환이 계속되는 한 국가는 국민의 것이 아니다. 오로지 소수 정치엘리트 집단의 것이고, 이들을 국회로 보내고 정부의 요직에 앉히는 데 반발하지 않은 국민들은 국가의 적이 된다. 힘의 논리에 승복하는 습속이 계속되는 한 말이다.

습관, 자발적 복종의 시작

비단 정치의 영역에서만 길들이기가 이루어지는 건 아니다. 사회적으로 통용되는 통념은 갖가지 영역에서 길들이기의 주요 원인이 된다. 가정과 학교, 직장 등 인간이 발을 담그고 살아갈 수밖에 없는 모든 조직에는 조직원들을 길들이고자 하는 관습이 생생히 살아 있다. 그것은 어릴 때부터 우리를 지배하고, 우리가 자유롭고 독립적인 인간이 되는 길을 막는다. 다시 마루야마 겐지의 말을 들어보자.

> 대부분의 부모는 어떻게든 먹고살 수 있는, 인류 역사에 그 예가 없는 편한 시대를 살아왔기 때문에 단 한 번도 무언가에 진지하게 도전해본 적이 없다. 하느냐 마느냐 하는 결단의 벼랑 끝에 몰린 일도 없이 얼간이가 되기 위해 살았다고밖에 할 수 없는 몇십 년을 지나온 것에 불과하다. 그들이 염두에 둔 두 가지는, 몸담고 있는 조직이나 집단에서 소외되거나 쫓겨나지

않는 것과 직장 내에서 자신의 미래를 고스란히 맡겨도 좋을 만한 강자를 찾아 그에게 과도하게 예속되는 것이었다.…겨우 그 정도 인생을 살아온 부모의 자식이 제대로 자라날 리가 없다. 자립의 젊음을 체득한 어른이 될 리가 없다. 그런 부모에게 자식이 배운 것은 오직 한 가지, 굴종의 정신이다. 그러니 강한 누군가에게 매달려 묻어가는 길밖에 찾지 못하는 것이 당연하다. 한때는 부모가 그런 강자였다. 그러나 부모가 포기한 탓에 버림받았다는 것을 아는 단계에서 자식은 또 다른 강자를 찾아 나선다. 그러지 않고는 견딜 수가 없는 것이다.[13]

16세기 프랑스의 재판관이었던 에티엔 드 라 보에시도 『자발적 복종』에서 관습의 문제점을 이렇게 말한다.

관습은 매사에 우리에게 큰 영향력을 행사하지만 특히 복종의 의무를 알게 하는 데 가장 큰 효력을 발휘한다. 면역력을 얻고자 평소에 독약을 조금씩 복용했던 소아시아의 대왕 미트리다테스의 습관처럼, 관습은 우리가 굴종을 거부감 없이 삼키게 함으로써 더 이상 굴종의 독으로부터 쓴맛을 느끼지 못하게 만든다.[14]

---

13 마루야마 겐지, 김난주 역, 『나는 길들지 않는다』(바다출판사, 2014), 170-171.
14 에티엔 드 라 보에시, 심영길·목수정 역, 『자발적 복종』(생각정원, 2015), 70.

한국 사회에는 상명하복의 관습이 살아 있다. 부모, 교사, 직장상사, 관료 등의 권위에 복종하는 습관이 여전하다. 전보다 많이 희석되었다고 는 하지만 조선시대, 일제강점기, 이승만부터 전두환까지의 독재정권 시 기 내내 '충성과 복종'이 나라를 지배하고 있었다. 지금도 마찬가지다. 권 위에 도전한다는 것은, 그 권위가 합법적이든 도덕적이든 응징받아 마땅 할 행동이었다. 부당한 지시나 명령을 거부하는 사람, 내부의 비리를 고 발하는 내부고발자들은 배신자로 낙인찍혀 온전한 생활을 할 수 없게 되 었다. 그런 관습과 경험을 통해 사람들은 길들여졌고, 이 길들여짐을 통 해 사람들에게 습속이 자리 잡을 때 복종은 시작되고, 자유의 훈련은 요 원한 것이 된다.

우리에게는 학살의 기억도 여럿 있다. 제주 4.3항쟁, 보도연맹 학살, 광주항쟁 등의 사건에서 권력자들은 자신들의 뜻을 거스르는 이들을 무 참히 학살했다. 국민들은 1970-80년대에 민주화 운동을 하던 이들에게 가해진 고문과 살인, 1990년대 이후에도 여전히 계속된 국가폭력 등을 통해 권력에 거스르면 어떻게 되는지를 경험했다. 그 와중에 '성공'이 지 상명령이 되었고, 성공하기 위해서는 힘 있는 자들 편에 서서 굴종하는 게 이득이라는 습속이 생겨났다. 좋은 게 좋은 거다, 부정을 드러내기보 다는 묵인하고 넘어가는 게 낫다, 저항보다는 복종이, 반항보다는 굴종 이 개인 신상에 더 이롭다는 게 경험으로 체득한 철칙이 되었다. 그렇게 자유는 한국 사회에서 제대로 기지개를 켜지 못했다.

또 하나 간과할 수 없는 게 성공한 사람에 대한 과도한 선망과 관용이다. 어릴 때부터 누군가와 비교당하며 경쟁하는 데 익숙한 이에게 중요한 것은 승리이고, 오직 '나'만의 행복이다. 타인의 부당한 처지에 진심으로 공명하며 타인을 위한 행동에 나서는 것은 예외적인 일일 뿐이다. 1등만 기억하는 나라에서는 당연한 일이다. 1등만을 우러러보고, 1등으로 대변되는 상류사회를 선망하며, 상류계층은 보통 사람들과 구별되게 성공한 집단이라는 인식이 바뀌지 않는 한 상류계층이 저지르는 온갖 비리와 협잡은 묵인된다.

이들을 선망하는 한 복종과 굴종의 태도는 존속된다. 분명 그들이 상류계층이 된 것은 스스로의 노력보다는 상속받은 갖가지 자본 덕분인데도, 또 일부는 불법과 위법을 저지른 결과임에도 부당함을 토로하지 않는다. 다만 그들로부터 무언가 혜택을 받을 수 있을지도 모른다는 인식 하에, 국가경제를 살리기 위해, 실제로는 거의 없는 낙수효과를 기대하며 재벌가의 비리를 눈감아주자는 여론이 형성된다. 그리고 너도나도 1등이 되기 위해 줄을 서고, 남들도 줄을 세운다. 성공하기만 하면 모든 게 용서되기 때문이다. 일단 성공만 하면 자신에게 기꺼이 복종할 사람들이 생겨나기 때문이다.

어쩌면 우리는 자유를 제대로 누려본 적이 없는지도 모른다. 스스로 자유롭다고 여기지만 국가폭력에 의해 개인의 자유가 억압되고, 일상생활의 소소한 일에 대해서조차 자신의 주장을 제대로 내세우지 못하는 사회에서 살아왔고, 또 살고 있다. 내 주장은 권위를 갖고 있다고 하는 이들에 의해 묵살되고 무시되었다. 그래서 권위 있는 사람, 즉 성공한 사람이 되기 위해 어릴 때부터 무한경쟁에 뛰어든다. 그 와중에 말할 자유, 신체의 자유, 심지어는 놀 자유조차 마음대로 주어지지 않았다. 그렇게 살아온 덕분에 우리는 자유가 무엇인지, 자유로운 삶이 무엇인지를 모르고 있는지도 모른다. 그것이 라 보에시가 경고한 자발적 복종의 원인이다.

인간은 가져본 적 없는 것을 갈구하지는 않는다. 아쉬움은 즐거움을 안 뒤에 오고, 지나간 기쁨에 대한 기억이 있는 까닭에 불행을 인식하는 것이다. 인간은 본질적으로 자유로운 존재이며, 또한 그 상태로 계속 존재하길 희망한다. 그러나 그 본성이라고 하는 것은 교육이 우리에게 미친 영향을 받아들이면서 매우 자연스럽게 형성되는 것임을 잊어서는 안 된다. 인간이 지니는 모든 것들—무엇을 먹고 살며 어떤 습관을 갖고 있는지 등—의 문제는 자연스럽게 타고난 것처럼 보이지만 단지 타고난 본성이 그러할 뿐, 이후 사람이 갖추게 되는 성품은 교육과 양육 방식에 의해 길들여지는 것이다. 우리는 여기서 자발적 복종의 일차적 근거가 습관이란 사실을 발견한다. 그것은 마치 말이 길드는 과정과 같다. 말에 재갈을 채우면 처음에는 재갈을 물어뜯다가 나중에는 거기에 익숙해져 재갈을 갖고 장난질한다. 말에 안장을 얹으면 처음에는 격렬하게 반항하지만 시간이 흐르면 자신을

짓누르는 무거운 장비와 장신구를 뽐낸다.[15]

누군가에게 종속되고 노예화되어 있는 이들이 스스로를 자유롭다고 여긴다. 말이 재갈과 안장을 받아들이고 나면 편안해지는 것과 같은 이치다. 그 재갈과 안장은 소리 소문 없이 우리에게 들씌워져 있었는지도 모른다.

한국 사회는 겉으로는 민주주의 사회 같지만 실제로는 독재가 지속된 사회다. 또 북한이라는 존재 때문에 사상과 표현의 자유가 보장되지 못했다. 독립적인 존재로서의 인간을 부정한 사대주의와 권위주의로 인해 권위를 가진 자들, 또 그 권위에 복종하는 이들에 의해 순응과 복종이 당연하다는 인식이 아직도 뿌리 깊게 남아 있다. 이런 토양에서 자유를 기대하는 건 무리인지도 모른다. 다음과 같은 라 보에시의 말처럼 말이다.

사람들이 자발적으로 복종하는 첫 번째 이유는 노예로 태어나 노예로 성장하기 때문이다. 여기에 또 다른 이유가 추가된다. 독재 하에서 사람들은 쉽사리 비겁해지고 나약해진다.…많은 경우 사람들은 자유를 잃으면 용기도 함께 잃고 만다. 종속된 사람들은 투쟁에 대한 열의도, 다부진 결기도 갖지 못한다. 그들은 위험에 처하면 결박된 사람처럼 마지못해 움직인다. 위험

---

15 같은 책, 80-81.

을 무릅쓰고 전우들 사이에서 장렬한 죽음으로 명예와 영광을 얻고자 하는 자유인의 가슴속에서 끓어오르는 뜨거운 갈망을 그들은 알지 못한다.[16]

관습과 습속에 의한 길들여짐은 사람들에게서 자유를 경험할 수 있는 기회와 자유를 위해 투쟁할 용기를 앗아갔다. 그와 함께 복종이 태동되었고, 개인의 자유를 침해하는 사건들에 대한 불감증 역시 만들어냈다. 어떤 일에도 무감한 불감사회가 형성된 것이다.

---

16 같은 책, 88-89.

4

불감사회와
평범한 악

정말 이렇게 살아도 되는 겁니까?

날마다 큰 충격을 받으면서도 별일 없이 산다. 명색이 언론인이라면서 현역 기자가, 피디가 흉악범처럼 긴급체포되어도, 주먹을 불끈 쥐고 당장 거리로 뛰어나가 석방하라 석방하라 구호를 외쳐야지 하고 흥분하다가, 그냥 주저앉아 별일 없었다는 듯 산다. 성상납, 성접대 등 구역질나는 사건들이 터져도 이런 너절하고 치사하고 싸구려 같은 인간들 하다가, 인터넷에서 리스트를 구해보고 너냐 너냐 하다가 에잇 더럽다, 김연아나 봐야지 하고 즐거워한다. 국가인권위원회 기구를 일사천리로 화끈하게 축소해버려도 인권을 우습게 여기는 것이 이 정권의 정체성이란 말이냐 하고 길길이 뛰다가, 그냥 야구를 볼까 축구를 볼까 하고 텔레비전을 튼다. 죄목이라곤 전문대 나왔다는 것밖에 없는 미네르바가 아직도 갇혀 있다는 것을 생각하면 기가 막혀 속이 답답한데도 〈무릎팍 도사〉를 보며 낄낄 웃는다. 자식 나이의 젊은 배우가 성상납과 술 시중에 시달리다가, 또 그 사실이 널리 알려질까 봐 자살을 한 지 오래됐는데도 가해자는 없고 수사는 지지부진이다. 죽은 자는 말이 없고 산 자는 오리발을 내밀고 유난히 성상납 리스트에 오른 사람들의 인권만은 살뜰히 보살펴주는 수사기관의 행각에 분노하다가,

별일 없다는 듯 그냥 지낸다.

일제고사가 일제히 실시된다는 말을 듣고 일제 때 보던 시험이 부활했나 싶어서 이 정권의 과거 사랑이 얼마나 심하면 일제 때로까지 회귀하나 했다. 학교별 줄 세우기, 교사별 줄 세우기가 시작되었구나 싶어 가슴이 철렁하다가도 친구와 맛있는 밥집에서 만날 약속을 한다. 롯데가 550미터 높이의 건물을 짓는 걸 허가하는 것을 보면서 공군 조종사인 친구 아들 걱정을 하다가, 줄줄이 살살이 터져 나오는 박연차 리스트의 끝에 뭐가 나올까 궁금해 죽겠으면서도 내가 이런 꼴 한두 번 보냐, 에라 모르겠다 한다.

방송을 장악해서 국민들의 귀를 막고 표현의 자유를 제약하고 겁을 줘서 입에 재갈을 물리기 시작하자, 입법·사법·행정·언론·지식인 사회 등 이곳저곳에서 알아서 기는 소리가 크게 나는데도, 나는 별일 없이 산다. 대다수 국민도 하루하루 별일 없이 사는 것 같다.

세상에 대한 애정이 있는데, 사회에 대한 기대가 있는데, 우리 자식들이 살아갈 세상인데, 어떻게 이룬 대한민국인데, 젊은이나 늙은이나 고통과 분노, 걱정과 근심 없이, 별일 없다는 듯이 하루하루 재미있게만 살겠다니…. 희망이 보이지 않아서일 거다. 개선의 여지가 없어 보여서다. 절망 때문일 거다.

정말 이렇게 살아도 되는 겁니까?[1]

---

1   김선주, "별일 없이 산다", 『이별에도 예의가 필요하다』(한겨레출판, 2010), 32-33.

언론인 김선주의 칼럼 "별일 없이 산다"에서 따온 구절이다. 앞서 얘기한 대로 사유와 성찰의 글쓰기를 하는 김선주가 이 글을 쓴 때는 2009년 4월이었다. 당시 어떤 일이 벌어졌을까? 광우병 관련 방송을 한 MBC PD수첩 제작진이 긴급체포를 당했고, 고(故) 장자연의 자살로 성상납 의혹이 불거졌으며 일제고사가 시행되던 때였다. 이명박 정권의 민낯이 드러나던 시기였다. 그때 김선주는 우리 사회의 모든 문제를 열거하면서 그럼에도 여느 때와 다름없이 살고 있는 자신의 일상을 돌아본다. 그리고 이렇게 말한다. 정말 이렇게 살아도 되는 거냐고. 마지막 말은 스스로에게 하는 것이지만 동시에 독자들을 향한 것이기도 하다. 분노해야 할 일들이 차고 넘치지만 분노할 줄 모르는, 아무 일 없는 듯이 일상생활을 하고 있는 이들에게 건네는 말이었다.

당시 벌어졌던 일들은 어떻게 마무리되었을까? MBC PD수첩 제작진은 결국 무죄로 풀려났지만 제작 일선에서 물러나야 했다. 오랜 법정 공방 속에서 최승호 PD를 비롯한 핵심 인력은 MBC를 떠났고, MBC 대표 탐사프로그램이라는 PD수첩의 명성도, 언론의 자유도 퇴색할 수밖에 없었다. 장자연 리스트에 대한 수사는 흐지부지됐고, 시험으로 아이들을 줄 세우는 일은 지금도 반복되고 있다.

한때 언론지상을 떠들썩하게 했던 사건들은 이렇게 흐지부지 잊혔다. 망각이 모든 문제의 해결책인 양 사건은 무마됐고, 들끓던, 아니 들끓을 것처럼 여겨졌던 여론은 가라앉았다. 무관심의 결과였다. 별일 없이 살아선 안 될 때에 별일 없이 산 대가였다. 그 와중에 누군가의 인권은 무참히 짓밟혔고, 언론의 자유는 뒷걸음쳤다. 누군가의 죽음은 잊혔고, 그 죽음 뒤로 수면 위에 올라올 법한 각종 범법 행위가 묻혔다. 그 사이 우리는 세상에 희망 따윈 없다는 걸, 인과응보는 없다는 걸, '유전무죄 무전유죄'가 여전히 통용된다는 걸, 권력에 밉보이면 득 되는 게 없다는 걸, 다시 한 번 학습했다. 모난 돌이 정 맞는다는 오랜 속담이 여전히 참인 현실을 체감해야 했다.

김선주는 정말 이렇게 살아도 되는 거냐고 물었다. 정말 이렇게 살아선 안 되는데, 이런 부정을 보고 그냥 지나치면 안 되는데, 적어도 부당하다고 외치기는 해야 하는데, 결국 그러지 못했다. 정말 이렇게 살아도 되는 거냐는 말이 아프게 와 닿은 이들도 있을 터지만, 이 말조차 별 감흥 없이 들은 사람도 많을 터였다. 그렇게 삶은 계속될 거고, 그 와중에 우리는 서서히 자유를, 권리를 잃어버리고 있다. '세상 사는 이치가 그렇다'는 자조 섞인 말과 함께 이는 습관으로, 관습으로 우리 사회에 확고히 자리를 잡는다.

불안은 영혼을 잠식하고 불감은 사회를 좀먹는다

나치즘을 야기한 원인이 무엇이었느냐는 질문에, 히틀러 이전 시대 프로이

센의 각료 가운데 하나였던 사람은 이렇게 말했다. "나치즘을 야기한 원인은 베를린의 어느 클럽 회원이었습니다. 1930년에 나치의 위협에 관해 질문을 받자, 그는 점심을 먹고 시작한 카드놀이를 하다 말고 고개를 들더니 이렇게 대답했습니다. '그야 정부가 알아서 할 문제죠.'"[2]

밀턴 마이어의 『그들은 자신들이 자유롭다고 생각했다』에 나오는 내용이다. 결국 나치즘을 야기한 원인은 당시 독일인들의 무관심이었다는 얘기다. "정부가 알아서 할 문제"라는 말은 시민임을 자각하지 못한 태도에서 기인한다. 나치 시대 이전의 독일은 민주주의 사회가 아니었고 당시 "독일 민족은 국왕 겸 황제야말로 자기들을 지배하는 것을 업으로 삼은 사람이라고 간주"했다. 그들은 "인간이 자기 스스로를 통치하게 만들어주는 용기", 즉 "시민의 용기"가 결여되어 있었다.[3] 정치는 정부에 전적으로 맡겨놓은 상태, 그 무관심 상태에서 나치즘이 태동했다.

"불안은 영혼을 잠식한다." 라이너 베르너 파스빈더의 영화 제목이다. 불안은 멀쩡한 사람의 영혼을 피폐하게 만든다. 불안 상태가 지속되면 일상생활을 제대로 영위하지 못하게 되고 올바른 선택이 불가능하다. 인간이 탐욕을 부리는 것 역시 불안 때문이다.

---

2 밀턴 마이어, 박중서 역, 『그들은 자신들이 자유롭다고 생각했다』(갈라파고스, 2014), 226.
3 같은 책, 222.

따지고 보면, 많은 사람들이 욕심을 내는 배경엔 불안감이 자리 잡고 있다. 자녀 교육에 대한 불안감, 노후에 대한 불안감, 사고를 당하거나 큰 병에 걸렸을 때에 대한 불안감…. 그런 불안을 국가나 사회가 흡수해주지 못하니, 겨울잠을 준비하듯 닥치는 대로 먹어둬야 하는 것이다. 그러다 보면, 한쪽에선 음식을 버릴 정도로 배부른 사람이 생기는가 하면, 다른 한쪽에선 아이들이 굶주리는 비극이 벌어진다.[4]

이처럼 매사에 불안을 느끼는 것도 문제지만 매사에 불감한 것도 문제다. 사람들이 나와 내 가족의 일이 아니면 아무런 감흥을 느끼지 못하고, 무관심으로 대응할 때 사회는 인간 집단의 결정체로서 제 기능을 할 수 없다. 그래서 이런 말이 가능하다.

"불감은 사회를 좀먹는다."

세상 돌아가는 일에, 남의 일에, 온갖 정치적·사회적·경제적 일들에 무관심했을 때 과연 어떤 일이 벌어질까? 기본적으로 개인이란 사회적으로 나약한 존재다. 혼자 살 수 없는 게 인간이고, 다른 인간과의 관계망 속에서 살아가는 게 인간이다. 그럼에도 우리는 이를 쉽게 잊는다. 아니 이해관계가 얽혀 있거나 스스로 힘들 때는 관계망을 온전히 가동시키지만 나와 별다른 이해관계가 없는 일이거나 딱히 나설 만한 일이 아닐

---

4 박용현, "탐욕 조절장치", 『정당한 위반』(철수와영희, 2011), 286-287.

때는 세상에 오로지 나 혼자만 사는 것처럼 살아간다. 여기서 불감이 태동한다.

인간이 다른 동물과 다른 점은 타인의 아픔에 공감할 수 있다는 것이다. 딴은 그렇다. 타인의 아픔에 공감할 수 있는 것은 인간의 능력이자 인간사회를 구성하고 발전시켜온 하나의 원동력이었다. 이는 인류 진화의 한 요소였다.

영국 요크 대학의 연구진에 따르면 "600만 년 전, 인류의 조상은 위로의 몸짓을 나누거나 타인이 지나갈 때 나뭇가지를 들어 올려주는 식의 행동으로 서로 도우려는 감정을 표현했을 것이라고 추정"했고, "180만 년 전에 이르면, 호모에렉투스는 아픈 동료를 돌보거나 죽은 사람을 극진히 대우함으로써 동정심과 슬픔을 표현했을 것이라고 한다." "또 50만 년 전부터 4만 년 전 사이 하이델베르크인이나 네안데르탈인 등은 다치거나 병에 걸린 사람을 오랫동안 돌봤"고, "선천적 두뇌 이상을 갖고 태어난 어린아이가 5-6살이 될 때까지 버림받지 않고 살았음을 보여주는 유골"과 "오그라든 팔에 불구의 발과 실명한 눈으로 스무 살께까지 산 네안데르탈인의 화석"이 그 증거라고 한다.[5]

이에 따르면 인류는 오래전부터 타인에 대한 연민, 타인의 아픔에 대한 공감 능력을 진화시켜왔던 것이다. 그런데 요즘은 이 공감 능력이 날

---

5   같은 책, "연민의 진화", 172.

이 갈수록 떨어지는 느낌이다.

살면서 모든 일에 민감하게 반응할 수는 없다. 오지랖 넓게 모든 일에 관여하거나 신경 쓸 수 없는 게 사실이다. 하지만 모든 일에 둔감할 수도 없다. 분명 우리는 나와 무관한 일에도 작은 관심을 기울인다. 찰나의 순간이라도 말이다. 그러나 그 관심의 정도가 약해지고 빈도가 점점 줄어드는 게 사실이다.

익숙함에서 시작된 불감

내게는 부채감을 불러일으키는 몇 가지 사건이 있다. 2009년 용산 참사가 그렇고, 2014년 세월호 참사가 그렇다. KTX 해고 승무원들의 오랜 투쟁도, 송전선 건설을 둘러싸고 벌어진 밀양에서의 싸움도, 제주 강정마을 사태도, 쌍용자동차 해고 노동자들의 싸움도 내게 수치심과 부채감을 안겨주었다. 수치심은 국가폭력이 너무나 쉽게 자행되는 현실과 자국민조차 제대로 지키지 못하는 나라에 살고 있다는 사실에 기인한다. 부채감은 이들의 싸움에 응원의 한 마디조차 보태지 못했다는 점이 영 부끄럽기 때문이다.

혼잣말로 쌍욕을 하고, 누군가에게 저주를 퍼붓고, '빌어먹을, 이게 나라야' 하다가도 난 별일 없이 산다. 출퇴근을 반복하고, 휴일에는 가족과 여행을 가기도 한다. 우리 아이들은 제발 좋은 세상에서 자랄 수 있기를 바라면서도 아무런 행동을 하지 않는다. 눈 돌리지 말고 고통스러운 사건을 직시하고 응시하자고, 절대 무관심하지 말자고 다짐하면서도, 어떤 사건이 벌어졌을 때 난 여전히 뒷걸음친다. 외면한다. 뉴스 기사조차 보기 힘들다면서….

불감은 이렇게 시작된다. 익숙함은 외면을 낳고, 외면은 무관심을 불러오며, 무관심은 결국 불감으로 귀착된다. 사람들은 절대 익숙해지면 안 되는 일들에 익숙해질 때 행동하지 못한다. 전에도 그런 일이 있었지만 사는 데 별 지장이 없었기 때문이다. 정도가 비슷하거나 더 심한 일이 벌어지면 익숙함은 외면이 된다. 도대체 어떤 일들이 벌어지고 있는지 뉴스를 찾아 보지도 않은 채, 단편적인 정보만으로 판단하고 재단한다. 그 외면이 쌓이면 뉴스조차 확인하지 않는 무관심의 단계로 진화하고, 무관심이 반복되다 보면 아무리 심한 일이 벌어져도 아무런 문제의식을 느끼지 못하는 불감 단계에까지 이른다.

박용현은, 그래서 이 익숙함을 '악'이라고까지 말한다. 1997년 외환위기 시절 「한겨레」 사회부 기자였던 그는 노숙인을 취재한 기사를 썼다. 당시 그뿐만 아니라 많은 사회부 기자들이 노숙인을 취재해 언론지상에 올렸다. 그러나 그 뒤는 어땠나? 박용현은 2010년 노숙인의 실상을 다룬 글을 보고 난 뒤 뼈저린 반성을 하며 이런 말을 했다.

그동안 많은 변화가 있었다. '노숙자'는 '노숙인'으로 불리게 됐다. 그들의 편에 서서, 사회의 편견에 맞서 힘겨운 투쟁을 해온 이들 덕분이다. 무료급식도 활성화됐고 이들의 재활을 돕는 다양한 사회적 기업도 생겨났다. 그런데 노숙인들은 사회부 기자들의 망막에서 갈수록 지워져 갔다. 익숙해졌기 때문일까? 외환위기 때의 다급한 상황과는 달라졌다는 인식 때문일까? 이제 지원 체계가 어느 정도 갖춰졌다는 안도 때문일까? 지난겨울, 설날을 맞아 아들의 손을 잡고 서울역 택시 승강장에 내려 대합실로 걸어가 표를 사고 개찰구를 지나 열차에 오를 때까지 노숙인의 디테일은 전혀 내 눈에 들어오지 않았다. 지금은 사회부 기자가 아니어서일까? 그때 또 다른 임 씨는 계단 옆 쓰레기통에서 담배꽁초를 줍고 있었을 것이다. 평범한 시선에는 보이지 않는 사각지대에서 또 다른 임 씨는 간밤에 부족했던 잠을 채우고 있었을 것이다. 익숙해진다는 것은 나쁜 일인 것 같다.···미국에서 홈리스 현상이 생겨난 것은 우리보다 오래전이다. 그만큼 홈리스 문제를 해결하기 위한 각계의 노력이 우리보다 많이 더해지고 있는 셈이다. 그저 익숙해지기만 한다는 것은 나쁜 일이다. 전직 사회부 기자의 뼈아픈 반성이다.[6]

그저 익숙해지기만 하는 것은 나쁜 일이라는 박용현의 말은 우리에게도 해당한다. 상황이 개선되지도 않았는데 우리는 어떤 비리나 불법이

---

6   같은 책, "익숙함이라는 악", 316-317.

자행되더라도 너무 익숙한 나머지 그 심각성을 제대로 받아들이지 못한다. 그러니 문제 인식이 행동으로 연결되지 못하는 것이다. 그 사이 우리의 권리는, 자유는, 정의는, 뒷전으로 밀려나고 있다.

후퇴하는 인권

예를 하나 들어보자. 2008년 촛불집회 현장에는 명박산성이라 불리는 컨테이너 벽이 세워졌다. 당시 경찰청장 어청수가 세운 명박산성은 소통을 가로막는다는 둥, 반대 의견에 불통으로 화답하는 정권의 가림막이라는 둥 무수히 많은 비판을 받았다. 그러나 명박산성 대신 경찰 차벽이 들어선 풍경이 일상화되었고, 한 대학생이 차벽 사이로 경찰에게 끌려들어가 경찰봉으로 진압당하는 장면이 고스란히 영상으로 포착되어 뉴스에 보도되기도 했다. 그러나 그뿐이었다. 이런 과잉진압은 의경들의 실수 정도로 치부되었고, 높은 사람이 책임을 지는 경우는 드물었다. 집회가 있을 때마다 시민들은 경찰 차벽에 둘러싸여 헌법에 보장된 집회 시위의 자유를 누리지 못했다. 그 와중에 경찰국가라 불러도 무방할 정도로 공권력 남용 사례가 쌓이기 시작했고, 급기야 2015년 11월 살수차에서 직사한 물대포를 맞은 한 농민이 의식불명 상태에 빠졌다가 결국 사망한 사건이 벌어졌다. 그런데도 박근혜 대통령은 이 시위가 불법이었다는 점만을 부각시키며, 이슬람국가(IS)의 테러리스트도 복면을 한다며 경찰의 채증을 피하기 위해 복면을 두르고 집회에 참가한 국민을 테러리스트와 동급으로 취급했다. 국민의 인격을 무참히 짓밟은 것이다. 그사이 법무부와 경찰은 1980년대에 악명을 떨쳤던 '백골단' 카드를 만지작거렸고, 정치권에서는 여당인 새누리당의 주도로 '복면금지법' 제정을 추진하기도 했다. 이런 상황인데도 주요 언론의 보도는 시위가 불법이었다는 데 더 무게를 실었다. 국민의 인격이 모독당하고, 헌법에 보장된 집회·시위의 자유가 묵살되고, 틀림없는 공권력 남용으로 물대포에 맞아 사람이 죽어가고 있는데도, 인권 유린이 버젓이 자행되고 있는데도, '백골단'과 '복면금지법'이 대변하듯 표현의 자유가 죽어갈 기미가 보이는데도 이를 다루지 않는 것이다. 오히려 채널A와 TV조선에서는 오로지 경찰의 시선에서 시위의 과격성만을 부각시킬 뿐이다. 경찰의 잘못을 제대로 지적하는 언론은 손에 꼽을 정도다. 한 나라의 대통령이 국민을 테러리스트와 동급으로 취급하는 발언을 해도 아랑곳하지 않는다.

이 지긋지긋한 일에서 기시감이 느껴진다. 이명박 전 대통령의 죽창 발언이 그렇고, 이명박 정권 때 법무부장관, 경찰청장의 입에서 나오던 말들이, 박근혜 정권에서도 여전히 되풀이된다.

그뿐인가. 이명박 정권에서 승승장구했던 뉴라이트 학자들의 역사왜곡이 잠잠해지는가 싶더니 박근혜 정권에 들어서는 국정역사교과서로 귀결되고 있다. 황교안 국무총리는 이 나라의 역사교과서 99%가 편향됐다는 말도 안 되는 이야기를 기자회견장에서 버젓이 하고, 색깔론을 내세우며 그 편향성을 극복하기 위해 국정역사교과서를 추진할 것임을 천명했다. 여론조사 결과 국민의 절반 이상이 반대의 뜻을 표해도, 눈을 가리고 귀를 막은 채 역사교과서 국정화 작업이 시작됐다.

익숙한 것 같지 않은가? 맞다. 익숙한 일이다. 그런데 결코 전과 비슷한 일은 아니다. 정도가 더 심해지고 있다. 게다가 개인의 자유를 침해하는 수법이 점점 진화하고 있는 느낌이다. 그런데도 이를 익숙함으로 받아들일 때 외면과 무관심과 불감이 찾아온다. 그렇게 우리의 인권과 국민의 권리에는 좀이 슬고 있다.

만약 2008년 촛불집회 때 온 국민이 공권력에 저항해 들고 일어났다면 어떻게 됐을까? 2009년 용산 참사가 일어났을 때 많은 사람들이 국가폭력과 공권력 남용을 근원부터 뿌리 뽑자며 나섰다면 어떻게 됐을까? KTX 승무원 해고 이후 오랜 싸움이 계속됐을 때 비정규직뿐만 아니라 다른 노동자들도 동참했다면 어떻게 됐을까? 쌍용자동차 노동자들의 대량 해고와 쌍용자동차 노조원들의 죽음이 계속됐을 때 너도 나도 '게임의 규칙'이 잘못됐다며 나섰다면 어떻게 됐을까? 세월호 참사 이후 유가족을 저열한 방식으로 모욕하며 진상 규명에 제동을 걸었던 정부와 정당의 행태에 반발해 자식 가진 부모들이 나서서 판을 뒤집었다면 어떻게 됐을까? 촛불집회 정국에서 등장한 명박산성을 다시는 세우지 못하도록 했다면 어떻게 됐을까?

잘못된 규칙이 바뀌었을지도 모른다. 죽음의 행렬을 막을 수 있었을지도 모른다. 나뿐만 아니라 당신의 인권이 지켜졌을지도 모른다. 수많은 비정규직의 한숨이 더 이상 들리지 않았을지도 모른다. 집회·시위의 자유와 표현의 자유가 보장돼 민의가 제대로 전달되었을지도 모른다. 투표 외에 민의를 정치에 반영시킬 수단이 마땅치 않다는 한계를 뛰어넘었을지도 모른다. 우리의 뜻이 이 나라의 국정에 영향을 미치는, 하나의 승리 공식을 만들었을지도 모른다.

그러나 이 모든 게 나와 당신의 불감 덕분에 '~했을지도 모른다'는 '가정'에 그치고 말았다. 우리의 외면과 무관심 속에서 태동한 불감이 이 사회를 불감사회로 만들고, 우리가 마땅히 누려야 할 권리와 자유를 좀먹게 놔둔 것이다.

행동하지 않는 양심은 악의 편

난 스스로를 괜찮은 사람으로 여긴다. 사회 돌아가는 일에 무관심하지 않고, 기본적인 상식을 가졌으며, 이성적이고 합리적으로 생각하고 행동하려 노력한다고 여긴다. 좋은 남편이자 자상한 아빠라고도 생각한다. 나보다 더 좋은 사람도 많지만 나보다 나쁜 사람도 많지 않은가. 하지만 과연 그럴까? 난 '선'할까? '악'과는 거리가 먼 존재일까? 사실 자신 있게 그렇다고 말할 수 없다. 가끔 내 안의 '악'을 느끼기도 하거니와 무엇보다 내 무관심과 불감 때문에 의도와는 상관없이 '악'을 지지하게 된다는 것을 깨달았기 때문이다.

고(故) 김대중 전 대통령은 죽기 직전 한 연설에서 '행동하는 양심'에 대해 말했다. 2009년 6월 11일 6·15 남북공동선언 9주년 특별강연에서 그는 불편한 몸을 이끌고 나와 이렇게 말했다. "우리가 행동하는 양심으로 자유와 서민경제를 지키고, 평화로운 남북관계를 지키는 일에 모두 들고 일어나서 안심하고 살 수 있는 나라, 희망이 있는 나라를 만들자"고. 또 "국민이 모두 양심을 갖고 서로 충고하고, 비판하고, 격려한다면 어떻게 이 땅에 독재가 다시 일어나고, 소수 사람들만 영화를 누리고, 다수 사람들이 힘든 이런 사회가 되겠는가" 하고, 그리고 "우리는 과거에 이승만, 박정희, 전두환 세 독재정권을 국민의 힘으로 극복했다"며 "오랜 정치 경험과 감각으로, 만일 이명박 대통령과 정부가 지금과 같은 길로 계속 나간다면 국민도 불행하고, 이명박 정부도 불행하다는 것을 확신을 갖고 말하면서 이명박 대통령이 큰 결단을 내리기 바란다"고도 했다.

"행동하는 양심이 되자"는 말은 반향이 컸다. 당시 이명박 정권의 이동관 청와대 대변인과, 한나라당 원내대표인 안상수, 한나라당 박희대 대표가 김대중 대통령을 '김대중 씨'라고 불러가며 원색적인 비난을 할 정도였으니 말이다. 그만큼 뜨끔했던 걸까? 어찌됐든 그는 대중의 행동을 촉구했다. 독재정권을 극복한 것은 행동하는 양심 덕분이었다고 얘기했다. 자유를 침해당하는 일에 무관심하지 말고 행동함으로써 스스로에게 주어진 자유를 지키라는 얘기였다.

김대중의 마지막 공식석상 연설의 요지는 '행동하는 양심이 되자'는 것이었다. 당시의 시류를 정확히 읽은 연설이었다. 과도한 공권력 행사에 의해 민주주의와 자유가 퇴보하던 시기에 꼭 필요한 말이었다. 시의적절했고, 그 방향도 옳았다. 그러나 과도한 공권력, 달리 말해 국민에 대한 국가폭력은 수그러들지 않았다. 오히려 더욱 진화했다.

이렇게 된 까닭은 무엇일까? 우리들의 무관심을 틈타 국가폭력의 허용 한계가 높아졌기 때문이다. 즉 국민의 반발을 일으키는 국가폭력의 마지노선이 올라갔다는 얘기다. 나치 치하의 독일에서도 이런 일이 일어났다. 밀턴 마이어의 말을 들어보자.

폭군은 폭정이라는 시커먼 일을 하는 데 필요한 몇 사람의 손이 부족하다는 사실을 걱정하지 않는다. 다만 실제의 저항을 걱정할 뿐이다. 공동체가 잠에서 깨어나 자신들의 도덕적 습관을 인식하게 되는 일종의 허용 한계가 어디인가를 나치는 미리 계산해야 했다. 국가 위기 상황이나 냉전의 경우에는 허용 한계가 더 늘어났고, 전쟁의 경우에는 허용 한계가 훨씬 더 늘어났다. 하지만 폭군은 반드시 허용 한계 안에 머물러 있어야 하고, 그 한계를 넘어서는 안 되었다. 만약 그의 계산이 사람들의 기질을 크게 넘어서는 정도가 되면 '봉기'에 직면하게 된다. 너무 앞서가다 보면 대중혁명이 일어나는 것이다. 비록 법적 논의는 불가하겠지만, 이런 의미에서 독일인 전체는 유죄인 셈이다. 왜냐하면 나치 정권 당시에 실시되거나 시도된 일 치고 독일 국민의 찬성을 받지 않은 일은 사실상 없었기 때문이다.…독일 의 지역사회가 (즉 나치즘의 전체 기계장치를 조작했던 100만 명쯤을 제외한, 나머지 7,000만 명의 독일인들이) 할 수 있었던 일이라고는 단지 '간섭하지 않는 것'뿐이었다. 그들에게는 아무것도 기대할 수 없었다. 그들은 단지 세 금을 납부하고, 지역 신문을 읽고, 라디오를 들으며, 예전에 했던 것과 마찬 가지로 살아갈 뿐이었다.[7]

속된 말로 나치는 독일 국민의 '간'을 보았던 것이다. 나치는 어디까 지가 허용 한계인지를, 독일인들이 반발하지 않는 선이 어디까지이며, 그 반발을 무마할 수 있는 방법이 무엇인지를 실험한 다음 원하던 바를 실행했다. 그렇게 그 선을 조금씩 높여간 끝에 전쟁을 일으키고, 유대인 학살을 자행할 수 있었다. 독일인들의 불간섭, 즉 암묵적 지지를 등에 업 고서….

부당한 일에 대한 침묵은 '찬성'과 '지지'의 또 다른 표현이다. 부당한 일에 대해 '아니오'라고 말하기는 현실적으로 힘들고, 또 그렇게 할 수

---

7 밀턴 마이어, 박중서 역, 『그들은 자신들이 자유롭다고 생각했다』(갈라파고스, 2014), 90-91.

있는 언로나 공간도 쉽게 마련되지 않는다. 그래서 최후의 수단으로 집회를 하고 시위를 하는 것이다. 투표 이외에 국민이 자신의 뜻을 절박하게 표할 수 있는 수단은 집회와 시위뿐이다. 한국에서는 여기에 참석할 자유조차 제대로 누릴 수 없는 게 현실이지만, 문제는 독일인들이 내세웠던 '불간섭'을 우리도 행하고 있다는 것이다. 무관심과 불감으로 국가폭력의 허용 한계를 높여주면서 말이다. 그사이 공권력이란 이름으로 자행되는 국가폭력은 날을 거듭할수록 더 심해져만 가고 있다. 우리들 각자가 행동하지 않은 결과다.

비단 국가폭력에만 침묵으로 일관하는 것이 아니다. 2014년 12월 대한항공의 조현아 부사장이 일으킨 이른바 '땅콩회항' 사건이 일어났을 때 대한항공 직원들은 어땠나? 조용했다. '땅콩회항'의 피해자였던 박창진 사무장만 나섰을 뿐이다. 이에 대해 목수정은 이렇게 말한다.

> 지난해 12월, 대한항공의 '땅콩회항' 사건에서 가장 놀라웠던 사실은, 동료를 대신해 오너의 딸의 행패에 원칙대로 대응한 사무장을 지지하기 위한 대한항공 동료들의 그 어떤 집단행동도 없었다는 것이다. 오너 일가가 행

해온 그간의 만행을 일거에 바로잡을 수 있는 절호의 기회였다. 그러나 대한항공 직원들은 깊이 침묵하며 묵묵히 자신의 자리를 지켰다. 발길에 차이고 짓밟혀도 더 굳건한 충성을 바칠 뿐이라면, 계속 밟히는 것은 당연한 일이다. 그들의 오늘의 위상을 만든 것은 바로 복종해온 그들 자신이었다. 이 사건을 화제에 올렸던 모든 대화에서 프랑스 사람들이 놀라워했던 대목은 대한항공 직원들은 왜 지금까지 그런 행동을 받아들였는가였고, 홀로 회사와 맞서게 된 사무장을 지지하기 위한 파업이 없다는 지점에서 그들은 바로 그 해답을 찾았다. 한국판 재벌 자본주의가 빚어낸 이 슬픈 우화에 등장하는 인물 중 단 한 사람, 박창진 사무장은 방송에서 이런 말을 했다. "내가 이 싸움에 나서는 건…, 나의 존엄을 내가 지키기 위해서다."[8]

대한항공 승무원들은 나서지 않았다. 나서지 않은 것인지, 못한 것인지는 모르지만 짐작건대 그 이유는 '모난 돌이 정 맞는다'는 속담처럼 괜히 나섰다가 인사상 피해를 입을지 모른다는 우려 때문일 것이다. 재벌 오너 일가의 막강한 힘에 맞서기 힘들었기 때문일 것이다. '땅콩회항' 사건이 일어났을 때 대한항공은 이 사건을 숨기기에 급급했고, 급기야 국토교통부에 영향력을 행사하기까지 했다. 그들이 가진 힘은 한 개인이

---

8 에티엔 드 라 보에시, 심영길·목수정 역, "역자 서문: 복종할 것인가, 자유로울 것인가", 『자발적 복종』(생각정원, 2015), 13-14.

감당하기에는 너무 막강하다. 그럼에도 박창진 사무장은 나섰다. 만약 그가 나서지 않았다면 이 일은 흐지부지 묻혔을 것이다. 그사이 그가 지닌 인간으로서의 존엄성은 무너졌을 테고, 다른 승무원들은 오너 일가가 일삼았던 폭언과 모욕적인 언사를 지금까지도 습관처럼 들었을지도 모른다.

'땅콩회항' 사건은 언론의 주목과 여론의 관심에 힘입어 조현아 부사장의 구속으로까지 이어졌다. 변호인의 과도한 접견을 거쳐 나중에는 풀려나긴 했지만 어쨌든 위세 등등했던 재벌가의 딸이 초췌한 모습으로 구속된 것이다. 여론의 힘이었다. 그런데 한 가지 간과하지 말아야 할 점은, 이 사건이 개인의 문제로 환원됐다는 것이다. 박창진 사무장은 개인적으로 소송을 진행하고 있다. 스스로, 자비를 들여 법률대리인을 선정한 것이다. 만약 목수정의 말처럼 대한항공 승무원들이 파업을 벌이든, 성명을 발표하든, 어떤 식으로든 집단적으로 나섰다면 어땠을까? 그동안 자신과 동료들이 당해온 일들에 분노해 집단 행동에 나섰다면 어땠을까? 모르긴 몰라도 이 사건이 한 개인의 문제로 축소되지는 않았을 터다. 또, 다시는 같은 일이 재발하지 않도록 하는 계기가 되었을지도 모를 일이다. 막강한 권력을 가진 재벌의 행태에 제동을 거는, 하나의 귀중한 사례를 만들어냈을지도 모른다. 그들에게 '아, 이런 일은 하지 말아야겠구나' 하는 생각을 심어주었을지도 모른다. 혹은 고용자들에게 피고용자 역시 '사람'이고, '존엄성을 가진 인간'이라는 무엇보다 중요한 진리를 제대로 알려주었을지도 모른다.

　그러나 그들은 그렇게 하지 않았다. 아니 하지 못했다. 동기가 어찌됐든 그들은 행동하지 않았고 간섭하지도 않았다. 파편화되고, 연대를 잃어버리고, 외부로부터 한계 지워진 자유를 진짜 자유라 믿고, '밥벌이'가 수단이 아닌 목적이 되어버려서일 것이다. 그냥 '쉬쉬' 하고 지나가면 별다른 위험을 감수하지 않아도 되기 때문일 것이다. 나라도 이런 일을 당했을 때 자신 있게 나섰을 것 같지는 않다. '내가 박창진 사무장이었다면, 내가 대한항공 직원이었다면 어땠을까' 생각해보면 나 역시 앞으로 나서지 못했을 것이다. 왜냐? 그로 인해 감수해야 할 불이익이 너무 커 보이기 때문이다. 하지만 그 불간섭이 결국은 나를 말려 죽이고, 당신이 지닌 인간으로서의 존엄성과 자존감을 파괴하고, 이 사회를 좀먹을 것이다. 김대중의 말이 옳다. 행동하지 않는 양심은 결국 악의 편이다.

조직논리, 그리고 평범한 악

'조직논리'란 말이 있다. 많이 쓰이긴 하는데 대체 무슨 뜻인지 모를 수수께끼 같은 말이다. 우리는 어릴 때부터 '조직논리'를 체감해왔다. 내가 알기로 조직논리란 조직의 이익이라는 목표에 개인을 끼워 맞춰야 한다는 의미다. 조직원은 조직에 위해를 가하는 행동을 해서는 안 되고, 만에 하나 그런 일을 할 경우 조직으로부터 보복을 당하기 마련이라는 것 아닌가? 살다 보면 학교, 군대, 회사는 물론 심지어는 동호회에서도 이런 느낌을 받게 된다.

어떤 조직에 속해도 늘 개인보다 조직이 우선순위가 높다고 느껴진다. 어디서든 조직과 그곳에 몸담은 개인을 동일시하는 사람을 생각보다 많이 만난다. 조직을 위한 개인의 희생이 당연한 것처럼 여겨진다. 그런 생각을 가져야 조직에서 성공하고 출세가도를 달릴 수 있다. 마치 성공의 불문율 같다.

명령받고, 명령하고, 지시받고, 지시하고, 그 명령과 지시에 따르고, 사생활이 없는 사람처럼 밤늦게까지 야근을 하거나 조직논리에 따라 스스로의 양심에 걸리는 일도 스스럼없이 행한다. 배우자의 얼굴을 보는 시간보다 직장 상사와 동료들의 얼굴을 보는 시간이 많고, 가족끼리 밥 먹는 횟수보다 직장 사람들과 밥 먹는 횟수가 훨씬 많다. 조직을 위해 휴일을 반납하고 일하는 게 당연한 일처럼 받아들여지고, 그래야만 조직을 정말 사랑하는 사람처럼 여겨진다. 분명 법에 어긋나는 일인데도 위에서 하라고 하면 반발하지 못한 채 따르고, 지시를 내리는 윗사람도 그것이 불법임을 뻔히 알고 있다.

자신의 양심 따위는 아무런 상관이 없다. 조직논리에 따르기만 하면 된다. 그게 성공과 출세의 지름길이다. 이런 일이 반복되면 양심적으로 지켜야 할 선은 점점 희미해지고, 급기야는 조직을 위해서라면 무슨 일을 해도 문제 없다는 생각이 자리 잡는다. 아니 조직논리 앞에 생각과 사유는 불필요하다고 여긴다. 이런 방식으로 성공한 사람일수록 더욱 그렇다. 그렇게 해서 조직이 시키는 일은 어떤 것이든 해도 된다는, 아니 해야 한다는 '불감'이 자리 잡고, '평범한 악'이 탄생한다.

조직논리에 의해 '악'을 자행한 평범한 사람의 가장 대표적인 사례가 아돌프 아이히만이다. 한나 아렌트는 자신의 저서 『예루살렘의 아이히만』에서 지극히 평범한 나치 전범 아이히만에게 주목하며 그의 특징으로 바로 '사유의 불능'과 '타인에 대한 공감 능력 부족', 그로 인해 촉발된 '악의 평범성'을 꼽았다.

그녀는 먼저 아이히만에게서 "사유의 진정한 불능성"을 발견했다.[9] 그는 위에서 떨어지는 명령을 실현시키는 데 몰두했다. 그 행위에 대한 도덕적·양심적 판단에는 무관심했고, 특히 타인의 입장에서 생각하는 데 무능력했다.[10] 아렌트가 "더 구체적이고 결정적인 아이히만의 성격 결함은 그에게 그 어느 것도 타인의 관점에서 바라볼 수 있는 능력이 없다는 점"이라고 평했을 정도였다.[11] 그래서 아이히만은 수용소로 유대인을 '강제 이주'시키고, 나중에는 강제 소개하는 업무를 맡았으면서도 이렇게 말할 수 있었다.

---

9   한나 아렌트, 김선욱 역, 정화열 해제, 『예루살렘의 아이히만』(한길사, 2006), 37.
10 같은 책, 106.
11 같은 책, 104.

유대인을 죽이는 일에 나는 아무런 관계도 없다. 나는 유대인이나 비유대인을 결코 죽인 적이 없다. 이 문제에 대해 말하자면 나는 어떠한 인간도 죽인 적이 없다. 나는 유대인이든 비유대인이든 죽이라는 명령을 내린 적이 없다. 여하튼 난 그런 일을 하지 않았다.[12]

실제로 그는 유대인을 죽이라고 명령한 적이 없다. 또 자기 손으로 유대인을 죽인 적도 없다. 하지만 그는 수용소로 강제 이주한 유대인이 어떤 운명을 맞이하는지 알고 있었다. 폴란드 서부지역의 수용소에 갔을 때 그는 수천 명의 유대인이 이동용 가스차량에 들어가는 것을 보았고, 잠시 후 그 트럭에서 시신들이 쏟아져나오는 것을 목격했다. 러시아 민스크에서는 유대인이 총살되는 광경을, 시체로 가득한 땅 구덩이에서 피가 샘처럼 솟아오르는 모습을, 가스실로 줄지어 들어가는 유대인들을 보았고, 놀랍게도 '끔찍함'을 느꼈다.

아렌트는 아이히만이 "살상 설비들이 어떻게 작동하는지에 대해서, 학살 방법으로는 총살과 가스 주입이라는 두 가지 방법이 있다는 것을, 총살을 돌격대가 실행했고 가스 주입은 수용소에서, 즉 작은 방에서 또는 이동차량에서 이루어진다는 것을, 그리고 수용소에서는 희생자들을 끝까지 속이기 위해서 면밀한 주의를 기울인다는 사실을 제대로 알 만큼만

---

12 같은 책, 74.

은 보았다"고 말한다.[13]

그러나 그의 양심은 이런 참혹한 광경을 보고도 흔들리지 않았다. 그는 '끔찍함'을 느꼈으나 오히려 자신에게 떨어진 명령을 제대로 수행하지 못했다면 양심의 가책을 느꼈을 것이라고 말한다.

그의 양심에 대해 그는 자신이 명령받은 일을 하지 않았다면 양심의 가책을 받았을 거라는 점을 완전히 기억하고 있었다. 그런데 그 일이란 수백만 명의 남녀와 아이들을 상당한 열정과 가장 세심한 주의를 기울여 죽음으로 보내는 것이었다. 분명히 이것은 받아들이기 힘든 일이다. 여섯 명의 정신과 의사들이 그를 '정상'으로 판정했다(그들 가운데 한 명은 적어도 '그를 진찰한 후의 내 상태보다도 더 정상이다'라고 탄식했다고 전해지고, 또 다른 한 명은 그의 아내와 아이들, 어머니와 아버지, 형제자매, 그리고 친구들에 대한 그의 태도, 그의 모든 정신적 상태가 '정상일 뿐만 아니라 바람직함'을 발견했다). 그리고 끝으로 대법원에서 그의 항소를 들은 후 그를 정기적으로 방문한 성직자는 아이히만이 '매우 긍정적인 생각을 가진 사람'이라고 발표함으로써 모든 사람들에게 확인해 주었다. 이 영혼의 희극 뒤로 전문가들은 그의 경우가 법적인 이상 상태는 물론 도덕적인 이상 상태도 아니라는 고통스러운 사실을 내놓고 있다.[14]

---

13 같은 책, 155.
14 같은 책, 78-79.

정신과 의사들은 아이히만을 '정상'이라고, 심지어는 '바람직하다'고 까지 판단했다. 그런데도 그는 이런 끔찍한 일을 저질렀다. 자신의 행동에 대해 양심의 가책을 느끼지도 않았고, 이를 회피하려고도 하지 않았다. 외려 그는 전쟁이 끝날 때까지 그 일을 계속했다. 그는 자신이 맹세한 대로 모든 명령에 복종했고, "자신의 의무를 항상 완수"했다는 데 상당한 자부심을 가졌다고 주장했다.[15]

아무도 그렇게 하지 않았다?

아이히만은 과연 왜 그랬을까? 사실 마음만 먹으면 이런 일을 회피할 수도 있었다. 실제로 나치의 처형부대 부대원들은 다른 부대로의 전근을 신청하는 식으로 학살을 회피하기도 했다. 아이히만도 그런 방법이 있음을 알고 있었지만 자신으로서는 생각조차 할 수 없는 일이라고 치부했다.

그는 친위대 대원이었기 때문에 결코 군법회의에 회부되지 않을 것이고, 단지 경찰 또는 친위대 법정에 회부될 뿐이었다. 법정에서의 최후 진술에서 아이히만은 자기가 이러저러한 핑계를 대고 빠져 나올 수 있었으며 다

---

15 같은 책, 158.

른 사람들은 그렇게 했다는 점을 인정했다. 그는 그와 같은 일이 '허용될 수 없는' 일이라고 생각했고, 지금도 그러한 일이 '칭찬할 만한' 일은 아니라고 생각했다. 그것은 단지 또 다른 월급을 많이 받는 일로 전환하는 것일 뿐이라는 것이다. 공개적 불복종이라는 전쟁 이후의 개념은 동화와 같은 소리였다. "당시의 상황에서 그러한 행위는 불가능했습니다. 아무도 그런 식으로 행동하지 않았어요." 그것은 "생각조차 할 수 없었습니다."[16]

그의 말 중 아무도 그런 식으로 행동하지 않았다는 대목에 주목하자. 어쩌면 이것이 불감사회가 만들어지는 가장 큰 이유인지도 모르기 때문이다. 사실 아이히만은 '최종 해결책'이라 명명되었던 유대인 학살, 그의 표현에 따르면 "폭력을 통한 그러한 피투성이의 해결책"에 대해 약간의 의구심을 갖고 있었다.[17]

그러나 그러한 의구심은 1942년 1월에 열렸던 국가 차관회의에 참석하고 난 뒤에 사라졌다. 당시 이 회의에 참석한 사람들은 나치 당원이 아니거나 나치와 타협하긴 했어도 적극적으로 협력하지는 않았던 고위 공무원들이었다. 아이히만의 상관도 '최종 해결책'을 확대하기 위해 독일의 공무원 조직 전체를 움직일 필요성을 느끼고 개최한 이 회의가 최고

---

16 같은 책, 157-158.
17 같은 책, 183.

의 난제가 될 것으로 예상했다. 그러나 그 예상은 보기 좋게 빗나갔다. "반쪽 유대인, 그리고 혼혈 유대인의 처리문제, 즉 이들을 살해할 것인가 아니면 단종시킬 것인가와 같은 '복잡한 법적 문제'들"에 대한 해결책을 논의하는 자리에서 구체적인 제안과 적극적인 의견이 개진되었기 때문이다.[18]

아이히만은 이때 "착하고 연륜 있는 엘리트 공무원들이 이 '피투성이의' 문제에서 주도권을 갖는 명예를 얻기 위해 서로 경쟁하고 싸우는 것"을 보고 "당시 나는 일종의 본디오 빌라도의 감정과 같은 것을 느꼈다. 나는 모든 죄로부터 자유롭다고 느꼈기 때문이다"라고 말했다.[19]

이 회의 이후 유대인의 강제 이주는 수월해졌다. 내무부, 외무성, 재무부, 교통부, 특별경찰 등 각 부처들이 합심해 유대인을 수용소에 보내 절멸시켰다. 그와 함께 조금 남아 있던 아이히만의 양심도 절멸되었다. 아무도 반대하거나 저항하지 않았다는 사실이 복종과 불감의 이유가 되었던 것이다. 그래서 아렌트는 "아이히만이 말한 것처럼 자기 자신의 양심을 무마시킨 가장 유력한 요소는 실제로 최종 해결책에 반대한 사람을 한 명도, 단 한 명도 볼 수가 없었다는 단순한 사실이었다"고 말했다.[20]

누구도 반대하지 않고, 누구도 저항하지 않는 상황은 일종의 도피처

---

18 같은 책, 182-183.
19 같은 책, 183-184.
20 같은 책, 186.

가 된다. 어떤 불합리한 상황이 벌어졌을 때 다른 사람들이 그것을 별다른 의심 없이 받아들이고 행동한다면 오히려 문제의식을 갖는 게 이상한 일이 되어버리고 만다. 에리히 프롬은 이것이 개인이 자유로부터 도피하는 한 가지 이유라고 말했다.

> 인간의 본성에서 반드시 충족시켜야 하는 부분은 생리적 욕구만이 아니다. 그에 못지않게 강력한 또 다른 부분도 있는데, 육체적 과정이 아니라 인간의 생활양식과 습관의 본질 그 자체에 뿌리를 두고 있는 이 부분은 바로 외부 세계와 관계를 맺고자 하는 욕구, 고독을 피하려는 욕구다. 육체적 굶주림이 죽음으로 이어지듯, 완전히 혼자 고립되어 있다는 느낌은 정신적 분열을 초래한다.…종교와 민족주의는 어떤 관습이나 믿음 못지않게 터무니없고 수치스럽지만, 개인을 타인과 연결해주기만 한다면 인간이 가장 두려워하는 고독에서 벗어날 수 있는 도피처가 될 수 있다.[21]

개인에게 자신이 몸담고 있는 세계, 조직으로부터의 고립은 두려움을 느낄 만한 일이다. 나만 이상한 사람이 되고, 나만 예민한 사람이 되고, 나만 조직논리에서 동떨어진다면 그 자체로 세상살이에서 뒤처진다는 느낌을 가질 수 있다. 그런 조직에서 '아니오'라고 말하려면 엄청난

---

21 에리히 프롬, 김석희 역, 『자유로부터의 도피』(휴머니스트, 2012), 34-35.

용기가 필요하다. 내 삶의 터전을 잃을 각오를 해야 하는 일이다.

그럼에도 수많은 내부고발자들이 조직의 비리를 고발해왔다. 마음속 양심의 소리를 외면하지 못하고, 잘못된 것을 잘못됐다고 말해왔다. 그로 인해 이들이 감수해야 할 손해는 엄청났다. 내부고발자는 배신자로 낙인찍혔고, 고발의 목소리는 곧 조직의 이익에 반하는 것으로 여겨졌다. 사실은 내부에서 폭로된 사실이 그 조직의 미래를, 이 사회를 보다 건전하게 만들 수 있는 바탕이 되었음에도 사람들의 호응은 거의 없었다. 그들은 조직에서 배제되었다. 심지어는 언제든 조직을 배신할 수 있다는 혐의가 들씌워져 제대로 사회생활을 하는 것조차 힘들어졌다.

이들의 목소리에 호응하는 사람들이 있었더라면 그렇게 되지 않았을 터이다. 앞서 얘기한 대한항공 조현아 부사장의 '땅콩회항' 사건이 벌어졌을 때, 대한항공 직원들이 연대하고 협력했다면 판이 달라졌을 것이다. 아돌프 아이히만의 의구심에 동조하는 사람만 있었어도 그가 최소한 자기가 저지른 죄로부터 자유롭다고 느끼지는 못했을 것이다. 이 모든 게 불감 때문이다. 아픔을 아픔으로, 분노를 분노로 받아들이지 못했기 때문이다.

불감은 이렇듯 엄청난 결과를 낳을 수 있다. 아이히만의 사례가 극단적으로 여겨질 수도 있지만 내 생각은 다르다. 사유 불능과 타인에 대한 공감능력 부족은 지금 우리 사회에도 만연한 문제다. '평범한 악' 역시 마찬가지다. 한 번 눈 감고, 두 번 귀 닫고, 묵인하고 간섭하지 않고, 그런 불감이 반복되고 확산되면 우리 안에 '평범한 악'이 자란다. 나와 당신의 불간섭이, 무관심이, 불감이 이 사회의 불합리와 부조리, 범죄행위를 키우는 자양분이 된다. 그렇게 이 사회는 병들어간다.

아돌프 아이히만은 지극히 평범한 사람이었다. 출세를 원했고, 조직 내에서 자신의 위상을 높이고자 노력했다. 또 법을 준수하는 평범한 시민이었고 자신의 의무를 다하는 데 자부심을 느끼는, 조직논리를 충실히 따르는 조직원이었다. 지금도 개인이 조직의 명령에 거스르기는 힘든 것처럼 그도 마찬가지 상황이었다.

그는 끝까지 자신이 저지른 죄가 무엇인지 잘 모르는 상태였다. 왜? 조직의 명령대로 법에 따라 자신에게 주어진 의무를 수행했기 때문이다. 대체 뭐가 잘못이란 말인가? 그러나 그는 '국가에 의해 범죄가 합법화된 시대'를 살았다.[22] 아이히만은 사유할 줄도, 타인의 처지에 공감할 줄도

---

22 한나 아렌트, 김선욱 역, 정화열 해제, 『예루살렘의 아이히만』(한길사, 2006), 210.

모른 채 조직이 명령하는 의무를 다할 때 자부심을 느끼고, 그러지 않을 때 양심의 가책을 느꼈다. 이러한 시대에 그는 범죄자가 될 수밖에 없었다. 불감이 복종으로, 복종이 죄로 달음질쳐간 것이었다.

이것이 불감사회의 극단적인 형태일 터다. 생각하지 않고, 의심하지 않고, 저항하지 않고, 오로지 복종한 결과 이런 불감사회가 만들어졌다. 다른 사람이 그러니까, 다른 사람들도 그렇게 사니까 나 역시 그래야 한다는 암묵적인 동조가 문제를 문제로 인식하지 못하게 만드는 원인이 되었다. 나치 독일에서 일어난 전쟁과 학살은 다른 사람들이 조용히 있으니 나 또한 나설 수 없다고 정당화한 결과였다. 독일 국민은 '악인'이 아니었다. 실은 지극히 평범한 사람들이었다. 하지만 그들의 침묵과 묵인, 무감과 불간섭은 '악'으로 치환되었다.

과연 우리 사회와는 무관한 이야기일까? 박용현의 글을 읽어보면 우리 사회도 이러한 혐의에서 자유롭지 못하다. 그는 태광그룹의 성접대 사건과 기업형 슈퍼마켓(SSM)인 롯데슈퍼의 꼼수 개점에 대한 기사를 나열한 뒤 이렇게 말했다.

기사들을 읽으면서 태광그룹의 비도덕적 경영 행태라든가 롯데슈퍼의 비열한 업무처리 방식에 분노를 느끼는 것만큼이나 저런 행위에 가담해야 했던 '아빠'들의 얼굴을 생각해보게 된다. 회사의 지시로 로비를 하기 위해 성접대를 했다는 이야기, 중소상인들의 생계를 위협하는 SSM을 속임수까지 써가며 개점했다는 이야기를 자신의 아이에게 하지는 않았겠지. 그 아이들은 아빠가 그런 일을 했다는 사실을 알고 있을까? 가족의 생계를 위해 어쩔 수 없이 한 일이라고 할까? 아이들은 이해할까? 세상에서 가장 정의롭고 멋진 사람이라고 여겼던 아빠가 남들의 지탄을 받는 처지라는 걸 어떻게 받아들일까?…현실의 많은 아빠들이 아이들이 모르는 더러운 세상에 발을 담그고 있다. 그리고 그 대부분의 아빠들에게 발을 더럽히게 만드는 것은 자본이라는 비인격적 존재가 아닐까 싶다. 먹고살기 위해, 돈을 벌기 위해, 돈을 더 벌기 위해, 그러지 않으면 나락으로 떨어지므로, 물불 가리지 않아야 하는 자본주의의 작동 원리가 아빠들의 타락을 부추기는 배후가 아닐까 한다. 그렇다면 어떻게 자본의 포악한 성질을 제어해 아빠들을 구해낼 수 있을까?[23]

이 사회에서는 '악인'만 비리와 부정을 행하는 것이 아니다. 평범한 아빠들이 조직논리에 의해, 조직의 명령을 어기지 못해 저지르는 경우가 더 많다는 게 내 생각이다. 누군들 그것이 나쁜 일인 줄 모를까? 그럼에도 먹고살기 위해, 직장에서 잘리지 않기 위해, 부끄러움을 감수하면서, 아니 부끄러움을 느낄 새도 없이 조직을 위한다는 명목으로 악을 자행한다. 그러는 사이 '도덕'과 '양심'은 저 멀리 사라지고, 그런 일이 반복되면

---

23 박용현, "아빠 구하기", 『정당한 위반』(철수와영희, 2011), 175.

'불감'이 자리 잡게 된다.

　우리의 불감은 이제 일상적인 일이 되어버렸다. 부정을 보고 마음속에서 불끈 치솟는 감정의 선이 후퇴를 거듭해왔다. 이런 불감은 고통스러운 현실을 애써 외면하는 데서도 오고, 너무나 일상화된 부정을 부정으로 느끼지 못하는 데서도 온다. 인권을 침해하는 사건이 벌어져도 나와 상관없는 일이라고 치부했을 때 오고, 연대보다는 경쟁에 익숙해진 사회에서 온다. 성공만이 최선이라는 성공지상주의에서도 오고, 오직 나만 잘 살면 된다, 나만 아니면 된다, 잘 피하면 된다는 식으로 주위에서 벌어지는 일들에 무감했을 때도 온다. 또 권력에 맞서서 좋을 일이 없다는 체험에서도 온다. 그사이 우리 사회는 병이 든다. 불감증에 걸려 아픔을 느끼지도 못한 채 말이다.

5

우리는 왜
병든 사회를
견디고만 있는가

모두 병들었는데 아무도 아프지 않았다

그날 아버지는 일곱시 기차를 타고 금촌으로 떠났고
여동생은 아홉시에 학교로 갔다 그날 어머니의 낡은
다리는 퉁퉁 부어올랐고 나는 신문사로 가서 하루종일
노닥거렸다 前方(전방)은 무사했고 세상은 완벽했다 없는 것이
없었다 그날 驛前(역전)에는 대낮부터 창녀들이 서성거렸고
몇 년 후에 창녀가 될 애들은 집일을 돕거나 어린
동생을 돌보았다 그날 아버지는 未收金(미수금) 회수 관계로
사장과 다투었고 여동생은 愛人(애인)과 함께 음악회에 갔다
그날 퇴근길에 나는 부츠 신은 멋진 여자를 보았고
사람이 사람을 사랑하면 죽일 수도 있을 거라고 생각했다
그날 태연한 나무들 위로 날아오르는 것은 다 새가
아니었다 나는 보았다 잔디밭 잡초 뽑는 여인들이 자기
삶까지 솎아내는 것을, 집 허무는 사내들이 자기 하늘까지
무너뜨리는 것을 나는 보았다 새占(점) 치는 노인과 便桶(변통)의
다정함을 그날 몇 건의 교통사고로 몇 사람이

죽었고 그날 市內(시내) 술집과 여관은 여전히 붐볐지만

아무도 그날의 신음 소리를 듣지 못했다

모두 병들었는데 아무도 아프지 않았다[1]

_「그날」

이성복의 「그날」이란 시다. 이 시를 정확히 언제 처음 읽었는지는 잘 모르겠지만 마지막 구절이 주는 울림이 꽤 컸던 기억이 난다. 다른 부분은 몰라도 마지막 두 구절만큼은 외우고 다녔는데 시간이 지날수록 오히려 그 감흥이 더욱 살아났다. 우리가 사는 이 시대를 명확히 표현하고 있다는 생각에서다.

이성복이 말하는 그날이 언제인지는 모르지만, 그날의 신음 소리는 어제도, 오늘도 들려온다. 조금만 주의를 기울인다면 단신뉴스로 처리되는 수많은 죽음에 신음 소리가 스며들어 있음을 알 수 있다. 누군가의 자살, 사고사, 억울함, 분노, 아픔이 신문과 방송 곳곳에, 또 경제지표를 알려주는 각종 통계 숫자 속에 살아 있다. 다만 그것을 실감하지 못할 뿐이다.

신음 소리가 묻히니 사회가 병들었음에도 아무도 아프지 않다. 우리 사회에서는 아픈 사람이 내는 소리가 쉽사리 묻힌다. 또 아프고 병든 것

---

1   이성복, 「그날」, 『정든 유곽에서』(문학과지성사, 1996), 55-56.

을 인식조차 하지 못하는 게 우리 사회다. 부당하고 잘못되었다는 게 분명한 일이, 아주 당연하게 그래도 되는 것처럼 받아들여질 때 이성복의 외침은 진실이 된다. 모두 병들었는데 아무도 아프지 않은 사회는 결국 병이 들었는지도 인지하지 못하고, 당연하다고 생각해서는 안 될 것까지 당연한 일이라고 치부하며 살아가고, 부당한 것을 당연하다 여기고, 분노해야 할 일을 재수가 없어 일어난 일이라고 넘기는 상태다. 지금 우리 사회, 우리 시대가 바로 그런 모습이다.

한국 사회 미스터리

『뼛속까지 자유롭고 치맛속까지 정치적인』(레디앙, 2008)의 저자 목수정의 프랑스인 애인 '희완'은 한국 사회를 이렇게 평했다.

> 한국 사회는 미스터리하다. 삶의 조건은 비명이 나올 만큼 힘들다. 폐지를 주우며 살아가는 할머니들이 많을 정도로, 어떤 사회적 안전망도 없다. 다들 자살하기 일보 직전 같은데, 왜 그렇게 밝고 친절한지 모르겠다.[2]

---

2 박용현, "알 수 없는 미소", 『정당한 위반』(철수와영희, 2011), 302.

우리 사회는 살기 힘든 곳이다. 어릴 때부터 경쟁에 내몰리는 아이들 대부분은 학벌주의라는 거대한 벽 앞에서 좌절한 채 살아간다. 청소년 인권을 철저히 무시하는 학교에서 인간으로서의 권리를 유보당하고, 성적에 따라 받는 차별을 당연하게 여긴다. 상위 1% 정도의 학생들을 제외하면 사회로 나가기 전, 즉 출발선에서부터 좌절감과 스스로에 대한 원망을 품게 된다. 그 좌절감이 취업시장에서도 재현되어, 너도나도 자기계발에 몰두한다. 사회를 탓하는 대신 노력이 부족했던 스스로를 탓하면서 말이다. 그 와중에 연애, 출산, 결혼을 포기하는 삼포세대가 출현하고, 인간관계와 내 집 마련까지 포기해야 하는 오포세대라는 말이 회자된다.

사회에 진출하면 좌절감은 절망으로 치환된다. 일자리도 구하기 힘들뿐더러 그나마 구할 수 있는 일자리 중 상당수가 언제 해고될지 모르는 비정규직이다. '직업에는 귀천이 없다'는 말은 거짓말이 되었다. 직업에 따라 급여에 차등이 있고, 사회적 대우도 다르다. 정규직이든 비정규직이든 직장에서 살아남기 위해 '저녁이 있는 삶'은 꿈도 꾸지 못하고, 최저임금에 못 미치는 급여를 받아가며 아등바등 살아간다. 자기 몸 하나 편하게 쉴 수 있는 내 집 마련은 더욱 힘들어지고, 직장 내에서 자기 권리를 찾으려는 노력은 꿈도 못 꾼다. 어렵게 일자리를 구해도 '노동시장 유연화'라는 그럴싸한 교언(巧言)에 휘둘려 언제 직장에서 쫓겨날지 모르고, 신입사원까지 정리해고될지 모른다는 두려움에 시달려야 한다. 권위적인 직장 내 조직문화 때문에 개인의 삶이 무시당하고, 위계서열에 따른 차별이 당연시된다. 그 와중에 여성은 더욱더 차별받는다.

어찌어찌해서 결혼을 하고 출산을 하게 되면 삶의 팍팍함은 가중된다. 정부에선 출산율을 높여야 한다며 갖가지 정책을 내놓지만 현실과는 동떨어진 미온적인 조치에 그칠 뿐이고, 정작 필요한 정책은 기업의 입장만 고려해 철저히 무시한다. 낳은 아이를 잘 키우기 위해선 적어도 저녁이 있는 삶이 보장되어야 하는데 아직은 요원한 꿈일 뿐이다. 대통령의 공약이었던 누리과정을 지방교육청에 덤터기 씌웠음에도, 정부는 마치 전혀 잘못이 없는 양 호도하며, 자식 있는 부모들의 부담을 키운다. 특히 맞벌이 여성은 직장뿐만 아니라 가정에서도 과중한 부담에 시달린다.

어디 그뿐이랴. 세월호 참사에서 드러났듯 우리 사회는 '우리의 미래'라고 공공연하게 외치는, 아이들의 안전조차 제대로 지켜내지 못한다. 그러고도 그에 대한 사과 한 마디조차 없다. 자식을 제 목숨보다 더 소중하게 여기는 이 땅의 수많은 부모가 제 자식의 안위를 지키기 위해서는 주위의 위험을 경계하고 사나워져야 하고, 누구와도 싸울 태세를 갖추고 지내야 한다. 혹시 모를 사고와 사건이 생기지 않을까, 나보다 경제적·사회적 지위가 높은 사람 또는 그의 자식과 얽히게 되지 않을까 눈에 불을 켜고 살펴봐야 한다. 학교 교육현장에서 되풀이되는 억압적인 교육 방식은 바뀔 줄을 모르고, 아이들은 '용모단정'이란 미명 하에 추운 겨울날에도 점퍼조차 제대로 입지 못하고 교복만 입은 채 추위에 떨어야 한다. 사회가 보호해야 마땅한, 경제적으로 곤궁한 이들의 생계는 한 가족의 자살 같은 큰 사건이 벌어질 때만 반짝 하는 수혜성 지원으로 봉합된다. 정부는 이때만 이들의 생활에 잠깐 신경을 쓴다. 빈곤과 가난을 개인의 문제로만 환원한 채 말이다.

흙수저와 금수저, 갑과 을. 한 사람이 가진 권력과 금력의 수준에 따라 누릴 수 있는 경제적 자유와 인간으로서의 권리는 질과 양 모든 면에서 천지차이다. 권력이나 금력을 많이 가진 자는 어떤 나쁜 짓을 저지르든 법망을 교묘히 피해나간다. 1980년대에 한창 울려 퍼졌던 "원하는 것은 무엇이든 얻을 수 있고, 뜻하는 것은 무엇이든 될 수가 있다"는 노래는 당시나 지금이나 비웃음의 대상이 될 뿐이다. 오히려 정태춘이 불렀던 "아, 대한민국"이란 노래가 지금의 현실과 정확히 부합한다. 지강헌이 외쳤던 "유전무죄 무전유죄" 역시 여전히 참이다.

빛도 공기도 없는 단단한 방 속에 갇힌 사람들

이것이 한국 사회다. 매일 아침 언론지면을 보면 부당한 현실이 차고 넘친다. 그런데도 이 사회는 유지된다. 왜 그럴까? 부당한 것을 당연한 것으로 받아들이게끔 하는 기제가 여럿 존재하고, 그로부터 부당한 것이 정당한 것으로, 적어도 부당하지 않은 것으로 돌변하기 때문이다. 아니 그 전에 우리는 부당함의 정체조차 파악하지 못하고 살아가고, 죽어가는 지도 모른다. 리영희 선생이 언급했던 빛도 공기도 들어오지 않는 방 속에 갇힌 사람들에 대한 루쉰의 말처럼 말이다.

잘 알려진 루쉰(魯迅)의 글 가운데, 빛도 공기도 들어오지 않는 단단한 방 속에 갇혀서 죽음의 시간을 기다리는 사람에게 벽에 구멍을 뚫어 밝은 빛과 맑은 공기를 넣어주는 것이 옳은 일인지 아닌지를 궁리하면서 고민하는 상황의 이야기가 있다. 방 속의 사람은 감각과 의식이 마비되어 있는 까닭에 그 상태를 고통으로 느끼지 않을뿐더러 자연스럽게까지 생각하면서 살아(죽어)가고 있다. 그런 상태의 사람에게 진실을 보는 시력과 생각할 수 있는 힘을 되살려줄 신선한 공기를 주는 것은 차라리 죄악스러운 일일 수도 있지 않느냐 하는 말이다. 루쉰은 물론, 당시의 중국의 사회와 중국인의 상태를 안타까워해서 쓴 것이다.[3]

어쩌면 우리가 바로 빛도 공기도 없는 단단한 방에 갇힌 사람들일지 모른다. 그들에게 당신들의 삶이 거짓이라고 얘기하는 건, 당신이 속고 있었다고 말하는 건, 그렇게 살아갈 수밖에 없는 사람들에게 빛과 공기를 주는 건 잔인한 일인지도 모른다. 리영희도 그게 고민이었던 모양이

---

3 리영희, "읽은 이에게", 『우상과 이성』(한길사, 1980), 5.

다. 그러나 그는 당사자들을 괴롭게 할지라도 빛과 공기를 줘야 한다고 말한다.

진실을 안다는 것은 괴로운 일이다. 『전환시대의 논리』의 독자 가운데 의식의 깊은 중독증 상태에서 깨어나는 괴로움을 경험한 이야기를 나는 적지 않게 들었다. 이것이 독자에게 송구스럽다는 뜻이다. 오랫동안 주입되고, 키워지고, 굳어진 신념체계와 가치관이 자신의 내부에서 무너져가는 괴로움의 고백이었다. 절대적인 것, 신성불가침의 것으로 믿고 있던 그 많은 우상의 알맹이를 알게 된 사람들에게는 그 잠을 깨는 괴로움을 준 것을 사과해야 하겠다. 그러면서도 한편으로는 그와 같은 역할을 다소나마 할 수 있었다는 것을 확인하는 보람을 느끼기도 했다. 현실의 가려진 허위를 벗기는 이성의 빛과 공기가 필요한 상황이라고 생각하는 까닭이다.[4]

리영희가 1977년에 쓴 이 글은 그로부터 40여 년이 지난 지금도 여전한 생명력을 가지고 있다. 우리는 무엇이 잘못된 것인지, 불의에 어떻게 반응해야 하는지를 모르고, 정의를 갈망하면서도 정의에 대해 냉소하거나 말로만 '정의'를 내세우는 이들에게 끊임없이 속고 있다. 여전히 빛도 공기도 없는 단단한 방 속, 즉 '헬조선'이라 불리는 한국 사회에 갇혀

---

4 같은 책, 5-6.

있는 것이다.

사는 것과 살아내는 것의 차이

혹자는 한국 사회를 빛도 공기도 없는 단단한 방 속이라고 표현하는 데
반감을 가질 수도 있다. '오버'한다거나 한국 사회의 일면만을 보고 '과
장'한다고 여길 수도 있다. 그러나 내 생각은 변함없다. 한국 사회에서의
삶이란 개인으로서 온전한 삶을 '사는' 게 아니고, '살아내는' 것이기 때
문이다.

삶을 '사는 것'은 누구나 기본적인 경제생활을 할 수 있을 정도의 소
득이 보장되며, 기초적인 문화생활을 영유할 수 있는 정도의 문화적 토
대가 마련되고, 인간적인 욕망을 어느 정도 충족시킬 수 있는 수준일 때
가능하다. 그러나 삶을 '살아내는 것'은 오로지 '생존'에 국한된 문제다.
즉 한 길 낭떠러지를 등지고, 죽지 않기 위해 끊임없이 낭떠러지로부터
멀어지려 애쓰는 것과 같다. 한국 사회의 많은 사람들이 이런 삶을 살고
있다.

그중에는 실제 낭떠러지를 뒤에 두고 있는 사람도 있고, 낭떠러지가
있는 것처럼 사는 사람도 있다. 하루하루 시간에 쫓기고 일에 쫓기는 삶
은 낭떠러지를 뒤에 두고 어떻게든 현재의 경제적·사회적 위치에서 밀

려나지 않기 위해 애쓰는 삶과 다르지 않다. 전자보다는 후자가 흔해 보이지만, 중요한 것은 대부분의 사람들이 하루 종일 일에 치이느라 '절박'하고 여유가 없어 삶을 살아낼 수밖에 없는 처지라는 것이다.

2012년 대선 때 '저녁이 있는 삶'이란 캐치프레이즈가 울림을 주었던 것도 삶의 팍팍함 때문이었으리라. 그만큼 우리는 '돈'에, '시간'에, '여유'에 갈증을 느끼면서 살아내고 있다. 그런데도 많은 이들이 더 나은 삶보다는 '발전'과 '개발'에 더 천착한다. 2008년에 벌어진 용산 참사는 결국 재개발을 계기로 자기가 소유한 부동산의 가치가 오를 것이라는 건물주의 기대심리와 내 땅, 내 집의 값어치도 오를 것이라는 다른 많은 사람들의 욕망이 상승작용을 일으킨 결과였다. 자신이 돈을 버는 쪽에 속하든 속하지 않은 간에 재개발이 더 큰 돈을 벌 수 있다는 돈벌이라는 가치 하나로만 치환될 때 철거민은 없는 존재나 마찬가지다. 아니 그들은 그 전부터 없는 존재였고, 없어야 할 존재였다. 사회의 욕망을 위해서는 말이다. 그 욕망의 꼭짓점에서 용산 참사가 일어났다.

더 나아가 2008년 대선 때 수많은 비위와 비리 의혹에도 이명박 후보가 당선된 배경에는 그가 대통령이 되면 국민이 잘 살게 되리라는, 아니 잘 살게 되었으면 하는 기대심리가 있었다. 사람은 누구나 잘 살고 싶어 하는데, 특히 우리 사회에서 잘 산다는 것은 곧 돈을 많이 번다는 의미다. 서울 지역의 국회의원 후보자들이 너도나도 자신에게 실행 권한이 없고, 실제로 이행되지도 않았던 뉴타운개발 공약을 외친 덕에 국회의원에 당선된 일도, 유권자들이 더 나은 삶보다는 경제적인 이득에 매몰된 결과였다. 그럴 때 삶은 사는 것이 아니라 살아내는 것이 된다.

삶을 '사는 것'과 '살아내는 것' 사이의 거리는 멀다. 삶을 산다는 것은 한 개인이 원하는 방식대로 주체적인 삶을 사는 것이다. 그러나 삶을 살아내는 데는 자의보다 타의가 더 많이 개입된다. 그것은 사회가 요구하는 맹목적인 이데올로기에 스스로를 끼워 맞추며 사는 것이다. 기본적으로 자기가 원하는 대로 즐기며 살지 못하는 사람은 '살아내는 삶'을 살 수밖에 없다. 하루 중 대부분의 시간을 보내는 직장에서 노동과 적대적인 한, 자신이 원하는 게 무엇인지조차 모르는 한, 삶의 목적이 사회가 요구하는 단 하나의 가치―이를테면 '자본'―에만 집중되는 한, 우리의 삶은 결코 행복할 수 없다. 그렇다면 무엇이 '삶을 사는 것'일까? 나는 그 해답을 한 동화책에서 얻었다.

행복한 청소부가 누린 삶

『행복한 청소부』라는 동화책이 있다. 아이한테 이 책을 처음 읽어주고는 큰 충격을 받았다. 우리가 지향해야 하지만, 우리네 실상과는 너무나 거리가 먼, 내가 살기 원하는 '진정한 삶'의 모습이 담겨 있었기 때문이었다.

독일 작가가 쓴 이 책은 거리에 붙은 표지판을 닦는 청소부에 관한 이야기다. 이 청소부가 맡은 곳은 음악가와 작가의 이름을 붙인 거리다. 청소부는 아침 7시에 출근해 5시에 퇴근할 때까지 거리 표지판을 반짝반짝 닦는 자신의 일에 자부심을 갖고 있었고 "자기 직업을 사랑하고, 자기가 맡은 거리와 표지판들을 사랑"했다.[5] 그러던 어느 날, 그에게 변화의 계기가 마련된다. 여느 때와 같이 표지판을 청소하고 있을 때였다. 마침 독일의 작곡가 크리스토프 빌리발트 글루크의 이름을 딴 '글루크 거리'란 표지판을 청소하고 있었는데 엄마와 함께 그 길을 지나던 아이가 엄마에게 표지판이 잘못되었다고 얘기하는 것을 듣게 된 것이다. 아무런 뜻도 없는 '글루크'란 이름 대신 독일어로 행복이란 뜻을 가진 '글뤼크'로 써야 하지 않느냐는 얘기였다. 그러자 엄마는 글루크가 맞다며 작곡가의 이름을 따서 거리 이름을 지었다고 설명했다. 사다리를 탄 채 청소를 하고 있던 청소부는 그제야 자신이 매일 청소하는 거리에 붙은 이름의 주인공들에 대해 아무것도 모르고 있었다는 사실을 깨닫는다. 그리고 그들에 대해 공부를 시작한다.

먼저 그는 작곡가—글루크, 모차르트, 바그너, 바흐, 베토벤, 쇼팽, 하이든, 헨델—에 대해 공부했다. 신문에서 음악회와 오페라 공연 일정표를 오려 정보를 모으고, 좋은 양복을 입고 공연을 보러 갔다. 크리스마스에 레코드 플레이어를 산 뒤로는 퇴근 후에 음악을 들었다. 그렇게 한 사

---

5 모니카 페트, 안토니 보라틴스키 그림, 김경연 역, 『행복한 청소부』(풀빛, 2000), 12.

불온한 독서

150

람 한 사람의 곡을 섭렵하며, 새로운 세상에 눈을 떴다.

아저씨는 밤새 거실에 누워 음악을 들었어. 그러자 차츰차츰, 오래전에 죽은 음악가들이 다시 살아나 가장 좋은 친구가 되는 느낌이 드는 거야. 그들의 음악을 들으며 속으로 묻고 대답하고, 마치 서로 이야기를 나누는 것 같았어. 아저씨는 일을 하면서 머릿속에 간직한 가락을 나지막이 휘파람으로 불었어. 모차르트의 "소야곡", 베토벤의 "달빛 소나타." 심지어는 오페라 곡까지 외워서 불었단다. 쉬운 일은 아니었어. 휘파람으로 낼 수 있는 건 언제나 한 가지 소리밖에 없고, 다른 소리들은 상상을 해야 했으니까.[6]

음악가들에 대해 어느 정도 안다는 자신감이 생기자 이번에는 작가들—괴테, 그릴파르처, 만, 바하만, 브레히트, 실러, 슈토름, 케스트너—에 대한 공부를 시작한다. 시립도서관에 가서 그들이 지은 책을 빌려보고, 또 빌려보았다. 내용이 어려우면 몇 차례든 다시 읽었다.

저녁이면 저녁마다 아저씨는 책 속의 이야기들에 잠겨 있었어. 아저씨가 거기서 발견한 비밀들은 음악에서 발견했던 비밀들과 무척이나 비슷했어. 아하! 말은 글로 쓰인 음악이구나. 아니면 음악이 그냥 말로 표현되지 않은 소

---

6 같은 책, 14.

리의 울림이거나. 아저씨는 생각했어.…글은 아저씨의 마음을 차분하게도 했고, 들뜨게도 했어. 기쁘게도 했고, 슬프게도 했지. 음악가들이 음을 대하듯, 곡예사가 공과 고리를, 마술사가 수건과 카드를 대하듯, 작가들은 글을 대했던 거야. 아저씨는 작가들과도 음악가들과 같이 친구 사이가 되었어.[7]

그렇게 시간이 흐른 뒤 청소부는 "멜로디를 휘파람으로 불며, 시를 읊조리고, 가곡을 부르고, 읽은 소설을 다시 이야기하면서 표지판을 닦"게 되고, 그가 청소하는 사다리 밑을 지나가는 사람들에게 충격을 안겨 준다.

지나가는 사람들이 그것을 듣고는 걸음을 멈추었어. 파란색 사다리를 올려다보고는 깜짝 놀랐지. 그런 표지판 청소부는 한 번도 만난 적이 없었거든. 대부분의 어른들은 표지판 청소하는 사람 따로 있고, 시와 음악을 아는 사람 따로 있다고 생각하잖니. 청소부가 시와 음악을 알 거라고는 상상도 못하지. 그런데 그렇지 않은 아저씨를 보자 그들의 고정관념이 와르르 무너진 거야. 그들의 고정관념은 수채통으로 들어가, 타버린 종잇조각처럼 산산이 부서졌어.[8]

---

7 같은 책, 16-18.
8 같은 책, 20.

그렇게 더 많은 시간이 지난 뒤 청소부는 학자들이 음악가와 작가들에 대해 쓴 책을 빌려 읽었고, 청소를 하면서 자기 자신에게 음악과 문학에 대한 강연을 하게 된다. 그러자 사다리 밑에 사람들이 모여들기 시작한다. 그의 훌륭한 강의를 듣는 사람들이 생겨난 것이다. 그 수는 매일 불어나기 시작했고, 표지판을 청소하기 위해 자리를 옮길 때마다 사람들이 따라다니게 된다. 이들을 의식하지 않을 수 없었던 청소부는 매일 더 나은 강연을 하기 위해 더 열심히 준비한다. 그사이 TV방송국에서 취재를 나오고, 무려 네 군데 대학에서 강의를 맡아달라는 요청을 해온다. 하지만 청소부는 그 제의를 정중히 거절하고 청소부 일을 계속한다.

나는 하루 종일 표지판을 닦는 청소부입니다. 강연을 하는 건 오로지 내 자신의 즐거움을 위해서랍니다. 나는 교수가 되고 싶지 않습니다. 지금 내가 하는 일을 계속하고 싶습니다. 안녕히 계세요.[9]

청소부의 행복은 자유에서 나온다

『행복한 청소부』를 읽고 충격을 받았던 것은 동화책에 등장하는 청소부

---

9 같은 책, 28.

와 그가 하는 일, 그를 둘러싼 환경이 우리나라와는 사뭇 달랐기 때문이다. 이 동화책에 나오는 청소부처럼 생활하는 데는 여러 조건이 필요하다. 정확히 말하면 자신이 원하는 삶을 살 자유 또는 권리가 필요하다. 청소부가 지닌 자유를 일별해보면 다음과 같다.

첫째, 경제적인 자유다. 그는 열심히 일한 만큼 마땅한 보수를 받는 듯 보인다. 책에는 구체적으로 설명되어 있지 않지만 그는 회사 내에서 열심히 일하는 사람으로 평가받고, 혼자 살지만 공연을 보고 음반을 사서 들을 수 있을 만큼의 경제적인 여력이 있다. 또 책에는 혼자 사는 사람에 대한 편견이 전혀 없다. 삽화를 보면 그가 머무는 집은 여느 집과 다르지 않다. 궁핍의 흔적을 발견할 수 없는 것으로 보아, 쉽게 말해 그는 거리의 표지판을 닦는 일만 해도 먹고살 만하다는 것을 알 수 있다.

둘째, 시간적 자유다. 청소부의 퇴근 시간은 오후 5시다. 그 이후는 온전히 자기만의 시간이다. 퇴근한 뒤 직장 동료와 어울리거나 회식에 참석하는 것 같지도 않고, 야근을 하지도 않는 듯하다. 그는 일이 끝나면 집에 돌아와 자신이 원하는 것을 할 수 있다. 개인 시간을 쓸 수 있는 자유가 있는 것이다.

셋째, 원하는 대로 문화생활을 즐길 수 있는 자유다. 그가 매일 닦는 거리의 표지판은 독일의 유명 음악가와 작가의 이름을 따서 만든 것이다. 그동안 그들이 누군지 몰랐다는 데 충격을 받은 청소부는 그 이름의 주인공이 누군지를 알아내고자 한다. 음악가를 알기 위해 그는 우선 신문에 나와 있는 공연 일정을 스크랩한다. 그리고 그 일정에 맞춰 공연을 보러 간다. 이런 행동이 가능하기 위해서는 거리 표지판의 주인공인 작곡가들의 곡을 연주하는 공연이 계속 열려야 하고, 공연을 보는 비용이 그리 비싸지 않아야 한다. 그는 음악가들의 공연에 참석할 뿐만 아니라 그들의 음반까지 사서 듣는다. 음악가들을 섭렵하고 나서는 작가들의 작품을 알아보기 위해 도서관에 간다. 그리고 이 작가들이 쓴 책을 빌려서 몇 번이나 읽는다. 이게 가능하려면 개인에게 책을 읽을 시간이 있어야 하고, 책 읽는 것이 자연스러운 문화여야 한다. 또, 도서관이 누구에게나 열린 공간이어야 한다는 조건도 포함된다. 청소부에게는 마음껏 문화생활을 누릴 수 있는 자유가 주어졌던 것이다.

넷째, 조직 내에서의 자유다. 거리에서 혼자 한 말을 사람들이 경청하게 되면서 그는 이른바 거리의 인문학 강사가 된다. 그러나 회사에서는 이 일을 그다지 이상하게 생각하지 않는다. 오히려 자기 일에 자부심을 갖는 행위로 여기고, 그를 대단한 사람으로 인정한다. 조직 내에서 청소부의 행동을 저지하거나, 회사의 이름을 드높이기 위한 목적으로 그의 행동을 더욱더 부추기는 일, 즉 인위적으로 스타 만들기 따위는 하지 않는다. 그냥 관리자의 칭찬이 다다. 과연 우리 사회였다면 이런 일이 가능했을까? 모르긴 몰라도 그를 이상한 사람 취급하거나 또는 회사 홍보에 이용하지 않았을까?

다섯째, 사람들과 스스럼없이 커뮤니케이션할 수 있는 자유다. 그는 작곡가와 작가에 대해 알고, 그들의 작품을 귀로 듣고 눈으로 읽으면서 쌓은 지식을 청소를 하면서 풀어놓기 시작했다. 누구를 가르치려는 의도로 한 말들은 아니었고, 머릿속의 생각들을 말로 풀어낸 것이다. 그런데 그의 말을 듣는 사람들이 생겨나고 그가 청소하는 사다리 주변에 더 많은 수가 모여든다. 어떻게 이런 일이 가능했을까? 우선 이들은 문화에 관심이 있고, 문화적 소양을 갖추고 있었을 것이다. 또한 청소부의 말에 귀를 기울일 정도의 여유도 있었다. 무엇보다도 주위 사람들에게는 직업이나 학력에 상관없이 다른 사람의 말을 경청할 줄 아는 '귀'가 있었다. 그는 지위, 직업, 문화에 따른 차별 없이 사람들과 커뮤니케이션할 자유를 갖고 있었던 것이다.

여섯째, 직업에서의 자유, 그러니까 소위 '직업에는 귀천이 없다'는 속담과 같은 자유다. 그는 거리의 표지판을 닦는 청소부다. 그런데 그의 주위로 사람들이 모여든다. 누구도 그가 청소부란 이유로 그의 말을 허투루 듣지 않고 무시하지도 않는다. 사람들에게 중요한 것은 그의 인문학적 소양이다. 그가 청소부든 '사'자가 들어가는 소위 엘리트이든 상관없다. 단지 그의 강의를 듣고 싶을 뿐이다. 우리 사회에서 청소부는 '보이지 않는 존재'나 마찬가지다. 그러나 이 동화책 안에서 청소부는 보이는 존재일 뿐만 아니라 나에게 소중한 지식을 안겨주는 존재다. 청소부란 직업은 그냥 직업일 뿐 차별의 기준이 되지 않는다. 전문대 졸업이라는 '미네르바'의 학력을 놓고 무수히 많은 사람들이 입방아를 찧었던 우리 사회에서 이게 가능한 일일까?

일곱째, 온전히 스스로의 삶을 선택할 수 있는 자유다. 거리의 강연에 많은 사람들이 몰려들자 대학에서 그에게 강연을 요청한다. 그러나 그는 정중히 거절한다. 거리의 표지판을 닦고, 자신이 쌓은 지식을 거리에서 풀어내는 삶을 원했기 때문이다. 이렇게 그는 자신의 의지와 상관없이 벌어지는 일들을 뒤로하고 스스로의 삶을 선택한다. 등 떠미는 사람도 없고, 이 기회에 출세하라고 부추기는 사람도 없다. 행여 있었다 하더라도 그는 그렇게 행동하지 않았을 터이다. 그는 온전한 자기 삶을 사는 사람이기 때문이다.

궁핍으로부터의 자유

이 청소부와 비교했을 때 과연 우리는 어떤 삶을 살고 있는가? 먼저 우리는 경제적 자유를 누리고 있는가? 프랭클린 루스벨트가 대공황기를 겪고 나서 천명한 '궁핍으로부터의 자유'를 보면 우리에게는 경제적 자유란 없는 것과 마찬가지다. 아니 엄밀히 말해 경제적 자유를 가진 이는 소수에 불과할 뿐이다. 박용현의 말을 들어보자.

힘겹게 공황을 벗어난 그는 1941년 '네 가지 자유'를 천명한다. 언론과 표현의 자유, 신앙의 자유, 결핍으로부터의 자유, 공포로부터의 자유. 특히 루스벨트 대통령은 1944년 연두교서에서 궁핍으로부터의 자유에 대해 이렇게 말했다.

"우리는 한 가지 사실을 명확히 깨닫게 됐다. 진정한 개인의 자유는 경제적 보장과 독립 없이는 존재할 수 없다는 것을. '빈곤한 사람은 자유인이 아니다'(Necessitous men are not free men). 일자리를 잃은 사람들은 독재의 자양분이 된다. 우리 시대에 이런 경제적 진실은 자명한 것으로 받아들여지게 됐다. 우리는 말하자면 두 번째 권리장전을 받아들이게 된 셈이다. 그 아래에서 우리 모두―신분이나 인종, 신조와 관계없이―를 위한 사회보장과 번영의 새로운 기초가 다져질 수 있다. 이 권리들의 목록은 다음과 같다."

이어 그가 나열한 '권리'들이다. 1) 유용하고 보수도 적절한 직업을 가질 권리, 2) 적절한 음식과 의류, 여가생활에 충분한 돈을 벌 권리, 3) 농민들이 작물을 기르고 팔아 남부럽지 않은 가족 생계를 꾸릴 권리, 4) 크고 작은 사업자들이 국내외에서 독점기업의 부당 경쟁이나 지배에서 벗어나 거래를 할 권리, 5) 모든 가족이 남부럽지 않은 집을 가질 권리, 6) 적절한 의료 보호와 건강을 누릴 권리, 7) 노후, 병, 사고, 실업 등의 경제적 공포로부터 적절히 보호받을 권리, 8) 좋은 교육을 받을 권리….

대공황기를 겪으면서 지지를 얻게 된 이런 권리 목록은 이후 세계인권선언을 기초하는 데 영향을 미쳤고, 지금은 '경제적·사회적·문화적 권리에 대한 규약'(1966)으로 집대성됐다. 고문을 당하지 않을 권리나 영장 없이 체포당하지 않을 권리와 마찬가지로, '남부럽지 않은' 삶의 기초 조건을 누리는 일 또한 국제사회에서 권리로 인정된 것이다.[10]

대공황기를 지나고, 독일의 파시즘을 겪으며 루스벨트는 개인의 진정한 자유가 경제적 보장과 독립에 달려 있다고 보았다. 그리고 궁핍으로부터의 자유에서 인간이 마땅히 누려야 할 '권리'를 이끌어낸다. 앞서 열거한 권리는 지금 우리에게도 절실한 것이다. 아니 마땅히 보장되어야 하는 권리인데도, 마치 우리 몫이 아닌 듯이 여겨왔던 것이다.

좋은 직업을 가지지 못하면 자신의 능력 부족을 탓하지, 좋은 일자리를 만들어내지 못한 국가와 정부, 사회를 탓하지는 않는 게 우리다. 유용하고 보수도 적절한 직업은, 학력 좋고 능력 있는, 명문대를 나오거나 취업 준비를 위해 스펙 쌓기에 올인했던 이들에게만 주어져야 한다는 차별 의식이 팽배한 게 우리 사회다. 적절한 음식까지는 모르지만, 적절한 의류를 구매하고 여가생활을 하기에 충분한 돈을 번다는 것은, 권리라기보다 사치로 인식되는 게 우리 사회다. 많은 농민들이 빚에 허덕이는데도 FTA가 있을 때마다 농업 시장을 가장 먼저 열어주는 게 우리 정부다. 재벌의 독과점, 시장 지배가 견고함에도 항상 이 나라 경제를 위해서는 기

---

10 박용현, "권리의 공황", 『정당한 위반』(철수와영희, 2011), 281-282.

업(사실상 재벌)을 향한 규제를 풀어줘야 한다는 논리가 횡행하는 게 우리 사회다. 재벌기업 총수들이 시장 질서를 교란한 파렴치한 경제사범이 되어 재판을 받을 때도, "그동안 이 나라 경제 살리기에 앞장선 전력을 참작한다"는, 정말 어이없는 궤변—그들이 정녕 국가와 국민을 위해, 순수한 애국심으로 돈을 벌어들였다는 말인가?—에 따라 형량이 줄어들고, 행여 구속되어 징역을 살아도 형기를 채우기 전에 대통령의 특사로 감옥에서 나오는 게 '수순'인 것처럼 반복되는 게 이 나라다. 적절한 의료 보호와 건강을 누릴 권리, 경제적 공포로부터 적절히 보호받을 권리, 좋은 교육을 받을 권리 역시 우리 사회에서는 아직 권리로 인정받지 못하고 있다.

루스벨트가 천명한 경제적 자유에 한참 못 미치는, 누구나 자신이 일한 만큼의 정당한 보수를 받고 최소한의 생활을 유지할 수 있게끔 하자는 주장은 우리 사회에서 아직까지도 통용되지 않는다. 최저임금은 더디게 올라가고, 최저임금을 주지 않은 업주를 제대로 처벌하지도 않는다. 무상교육에 이어 무상급식을 하자 해도 반발은 계속된다. 아이들에게 무상으로 밥을 주는 일에 포퓰리즘, 사회주의란 온갖 오명이 들씌워지고, 재벌에 대한 제재는 꿈도 꾸지 못할 일이 되고 말았다. 공정거래위원회에서 매년 독과점 기업을 발표하고, 그들에게 과징금을 부과하지만 재벌기업 입장에서는 솜방망이 처벌이기 때문에 독과점은 계속되고, 중소기업은 원천기술을 재벌기업에 빼앗기며, 이 나라 시장을 지배하는 게 공정한 경쟁보다는 '힘의 논리'라는 걸 깨닫는다. 또 재벌이 골목상권까지 진출하면서 자영업에 나선 서민들에게 거대 기업과 맞붙을 수밖에 없는 무참하고 부당한 경쟁을 벌이게 했다.

루스벨트의 말처럼 경제적 자유를 누리지 못하는 사람은, 언제나 어딘가에 매여 있을 수밖에 없다. 직장을 구하지 못한 취업준비생은 말할 것도 없고, 회사에서 당장 언제 잘릴지 모르는 회사원도 사정은 매한가지다. 비정규직은 그 정도가 더 심하다. 스스로를 회사가 기르는 가축, 즉 사축(社畜)이라 부르며 자조할 만큼 많은 사람들이 직장에서의 삶을 힘들어하지만, 당장 다음 달 월급 때문에, 다른 직장을 구하기 힘들기 때문에 '사축'의 삶에서 벗어나지 못한다. 결혼하고 자식이 생기면 그 쳇바퀴 같은 삶에서 벗어나기 더 힘들어지고, 그렇게 하루하루 자신을 소진하면서 살아간다. 행복한 청소부처럼 즐겁게 일하고 정당한 보수를 받고, 문화생활을 즐길 수 있으면 분명 삶이 달라질 텐데, 삶의 가장 기본이 되는 경제적 자유를 획득하지 못하기 때문에 그러한 삶은 요원해질 수밖에 없다.

시간 빈곤은 삶과 사유와 문화의 빈곤으로 이어지고

33세 김혜정(가명) 씨는 결혼 3년차에 18개월 아들을 둔 맞벌이 '워킹맘'이다. 비교적 제도가 잘 갖춰진 대기업에 다니고 있어 출산휴가와 육아휴직 1

년을 다 쓰고 복직해 회사를 다니고 있다. 오전 7시에 집에서 나와 근무를 마치고 집에 돌아오면 보통 저녁 7시 반에서 8시쯤 된다. 그나마 퇴근시간이 규칙적이어서 월 150만원에 출퇴근 아주머니를 고용해 아이를 맡기고 있다. 밖에서 하루를 보내고 회사에서 돌아오면 아주머니는 퇴근한다. 아이를 씻기고 재우고, 집안 정리 등 마무리를 하는 것은 김 씨 몫이다. 최소 3시간은 필요하다. 야근이 잦아 200만 원 육박하는 비용을 내고 입주 아주머니를 쓰는 친구들을 보면 그래도 '나는 나은 편'이라는 것을 안다. 하지만 꾸역꾸역 용쓰며 살고 있다는 생각을 지우기 힘들다. 남편과 함께 열심히 살아왔지만 결혼 초 전세를 얻으며 받은 마이너스통장 대출액은 줄어들 기미가 보이지 않는다.[11]

한 신문기사에 실린 사례다. 이 사연의 주인공 김혜정 씨는 대기업에 다니는 맞벌이 워킹맘이다. 출산휴가와 육아휴직을 합쳐 1년 정도 쓸 수 있고, 퇴근 시간이 일정한 대기업 직장인인데도 오전 7시에 출근해 저녁 7시 반이나 8시에 퇴근한다. 하루 24시간 중 13시간 정도를 일터에서 보내는 셈이다. 퇴근하고 나면 육아와 집안일을 해야 하고, 그 뒤에는 내일 출근을 위해 바로 자야 한다. 온전한 나만의 시간이 없을 만큼 열심히 살

---

11 조민영, "나·가정 돌볼 시간 부족이 '더 가난한 삶' 부른다", 「국민일보」, 2014년 11월 5일, 3면.

고 있지만 대출은 갚지도 못하고 있다. 팍팍한 삶이다. 그런데 문제는 김혜정 씨가 그나마 나은 경우라는 거다. 야근이 잦으면 더 많은 비용을 지출해야 하고, 소득이 적을 경우에는 벌어들이는 돈의 대부분을 부족한 시간의 대체 수단에 사용해야 한다. 소득이 낮을수록, 일하는 시간이 많아질 수밖에 없기 때문에 시간 빈곤에 시달린다. 악순환이 계속되는 것이다.

문제는 거기서 그치지 않는다. 시간 빈곤은 개인에게서 문화생활을 누릴 기회를 박탈하고, 스스로의 삶에 대해 성찰하고 사유할 수 있는 기회마저 빼앗는다. 책 볼 시간도 없고, 내가 잘 살고 있는지, 이 사회가 지향하는 방향이 잘 설정된 것인지 등등에 대해 성찰하고 사유할 엄두가 나지 않는다. 당장 먹고 자고 일할 시간밖에 없으니 말이다. 아이와 대화하는 시간은 말할 것도 없고, 가족과 제대로 된 저녁 한 끼 먹을 시간도 없다.

아이들도 시간 빈곤에 시달린다. 학교가 끝나면 학원에 가야 하고 집에 돌아오면 학교 숙제와 학원 숙제를 해야 한다. 중학교부터 입시 준비 체제에 돌입해야 하기 때문에 밤늦게까지, 주말도 없이 공부에 대부분의 시간을 소진한다. 이렇게 시간 빈곤에 시달리는 인간은 '일하는 기계'나 '돈 버는 기계', '공부하는 기계'로 전락하고, 금수저를 입에 물고 태어나지 않은 이상 누구나 그걸 당연하게 여긴다.

얼마 전 한 통신 서비스의 광고를 보고 화가 난 적이 있다. 아니 엄밀히 말해 그 광고를 볼 때마다 화가 났다. 퇴근길에 오른 한 직장인에게 문자가 온다. "김 대리, 파일 보내. 지금 빨리." 그리고 이어지는 내레이션. "팀장님의 다급한 문자. 남은 배터리 1%. 폰이 죽으면 나도 죽겠지?" 통신 서비스의 빠른 전송 속도 덕에 배터리가 떨어지기 전에 파일을 보낸 그는 휴대폰을 손에 쥐고 안도의 웃음을 짓는다.

이 광고를 볼 때마다 '빌어먹을'이란 단어를 연신 내뱉어야 했다. 왜 퇴근 시간에 파일을 보내달라고 하는 것이며, 왜 휴대폰이 죽으면 나도 죽는 걸 당연시한다는 말인가. 회사나 조직에 얽매이지 않는 시간과 자유는 없단 말인가. 꼭 이런 소재로 광고를 해야 했을까. 이 광고를 보면서 동질감을 느끼는 난 대체 뭐란 말인가.

시간 빈곤은 시간 착취에서 기인한다. 개인이 하루 24시간 중 자기 시간을 가질 수 없게 하는 모든 것이 시간을 착취하는 기제다. 장시간 노동 체제가 그렇고, 아이들이 입시에 매달리게 하는 교육 체제가 그렇다. 필수품이 되어버린 휴대폰 등 디지털 기기들도 그렇고, 회사 일에 관해서라면 언제 어디서든 누구에게나 지시하고 지시받아야 하는 걸 당연시하는 조직문화도 그렇다. 회사라는 조직에 속해 있는 한 개인의 자유는 한계지어진다. 이런 식의 착취가 계속되는 한 우리는 온전한 개인의 삶을 살 수가 없다.

우리는 분명 시간을 착취당하고 있다. 시간 착취는 곧 문화생활을 즐길 수 있는 자유의 박탈이다. 목수정의 말을 빌리면, 문화는 인간이라면 당연히 누려야 할 권리인데도 말이다.

나는 문화가 교육처럼 모든 사람들이 당연히 누려야 할 권리이자 국가가 일정한 수준까지는 제공해야 할 의무가 있는 공공서비스의 영역이라고 믿는다. 인간은 저마다 정신의 양식을 갖고 있으며, 그것을 일궈내는 일은 그만큼 존재를 풍요롭게 하는 일이 된다. 한 사람이 자신의 문화적 정체성을 확립하는 것은 비로소 그가 정신적으로 개별적인 자아를 구축한다는 의미와 같다. 이것은 한 개인에게뿐만 아니라 사회에도 똑같이 적용된다.···'우리를 자유롭게 하는 것은 문화다.'[12]

우리 사회는 한 개인이 문화적 정체성을 갖도록 허용하지 않는다. 우리 사회에서 문화생활을 누리는 것은 '권리'라기보다는 '사치'나 '취향'에 가깝다. 그러나 문화 향유의 자유를 뺏기는 일은 온전한 개인의 삶을 영위할 수 있는 자유와 삶, 그리고 이 사회에 대해 성찰하고 사유하며 누군가와 커뮤니케이션할 수 있는 자유를 박탈당하는 것과 마찬가지다.

30대를 지나 40대에 이르기까지, 직장 생활을 하는 내내 누군가와 이야기를 할 때면 정해진 수순이 있다. 어떤 주제로 이야기를 시작하든 항상 도돌이표처럼 돌아가는 주제가 하나 있다. 재테크, 그중에서도 부동산이다. '기승전부동산'인 셈이다. 그때 어디에 땅을 샀어야 했는데, 시세 차익이 얼마더라, 집을 사려면 지금 사야 한다, 몇 년 전에 집을 샀

---

12 목수정, 『뼛속까지 자유롭고 치맛속까지 정치적인』(레디앙, 2008), 296.

는데 지금은 얼마더라 등등. 화수분처럼 부동산에 대한 이야기가 끊이지 않는다. 부동산에 대해 잘 모르는 나도 그 이야기에 동참한다. "아, 그래요? 그때 샀어야 했는데, 아깝네요" 등등의 말들을 추임새로 넣어가며….

이게 무조건 잘못됐다는 얘기가 아니다. 대화의 주제가 너무 협소한 게 불만이다. 어제 본 영화와 연극, 뮤지컬 공연에 대해 인상비평 수준의 이야기를 하는 것도 어렵고, 음악이나 책에 대해 말하지도 않는다. 막상 이야기를 꺼내면 '묵묵부답'에 이어 다른 주제로 빠르게 넘어간다. 직장 동료와의 사이에서는 대화하는 즐거움을 느껴보지 못했다. 내가 하고 싶은 이야기, 내가 듣고 싶은 이야기를 나누는 게 갈수록 힘들어진다. 인간 내면을 채우는 콘텐츠의 빈곤이자 사유의 빈곤 때문이다. '인간을 인간답게 하는 문화'의 빈곤 상태가 되는 것이다. 그렇게 시간 빈곤은 삶의 빈곤으로 이어진다.

공부 못하면 저런 사람 된다?

마트 화장실에 들어서면서 엄마가 공부를 열심히 하지 않는 딸을 타박하기 시작하더라. 근데 딸이 지지 않고 말대꾸를 하니까 엄마가 짜증이 났던지 나를 앞에다 두고 "너도 공부 안 하다가 커서 청소나 할래?" 하고 아이에게

빽 소리를 질렀다. 엄마가 나중에는 눈치가 보였는지 나를 힐끔 쳐다보더니 딸과 손을 씻으며 영어로 이야기했다. 두 사람이 못 알아들을 말을 하며 중간중간 나를 쳐다보고 웃던 순간이 너무 치욕스러워 잊히지 않는다.[13]

서울 강남구의 한 마트에서 근무하는 60대 청소노동자가 겪은 일이다. 초등학교에 갓 입학한 나이로 보이는 딸과 엄마가 나누는 대화에서 이 청소노동자는 멸시의 대상이 된다. '공부'와 '돈을 많이 버는 직업'을 최고의 가치로 여기는 것까지는 좋다 치자. 그렇다고 사람 면전에서 저런 말을 하는 뻔뻔함은 뭔가. 그걸 보는 자식은 무얼 느끼겠는가. 청소노동자는 무시하고 멸시해도 된다고 여기지 않겠는가. 서울 동작구에 있는 한 대학교의 50대 청소노동자가 대학생들에게 받은 수모처럼 말이다.

우리 아들 같은 아이들이 "화장실에 들어갈 건데 미리 휴지통을 비워달라" 혹은 마시고 있던 커피를 주며 "대신 버려달라"는 이야기를 하면 내가 청소를 하는 사람인지 머슴이 된 건지 헷갈릴 때도 있다.…청소를 한다는 것이 죄스럽게 느껴지기도 한다.[14]

---

13 민수미, "아이 혼내며 '너도 저렇게 될래?'…쓰레기와 함께 자존심도 버렸어요", 「쿠키뉴스」, 2015년 6월 23일.
14 같은 기사.

이런 문제는 심심치 않게 발생한다. 백화점에서 점원을 무릎 꿇리고, 비행기 안에서 갖가지 말도 안 되는 요구를 하고, 자기보다 지위나 나이가 적은 점원에게 '반말'을 지껄인다. 서비스 업종에서 일하는 사람들은 맞춤법에도 맞지 않는 과도한 존댓말—예를 들면 "이거는 10만 원이세요"—을 해야 하고, 패밀리 레스토랑 같은 곳에서는 '고객님'과 시선을 맞춰야 한다는 이유로 무릎을 꿇는다. 돈을 지불하는 사람은 마치 자기가 지불한 값에 이런 과도한 서비스 비용이 따로 책정된 양 무례하게 행동하고, 돈을 지불하면 어떤 무례를 저질러도 상관없다는 듯 여긴다. 서비스업 종사자에 대한 폭언과 폭력은 이제 일상이 되어버린 느낌이다. 이런 상황에서 그들의 '인권'은 없어진다. 그러니 그들과 대화를 나눈다는 건 생각조차 하지 못할 일이 된다.

『행복한 청소부』에서 청소부는 사람들의 고정관념을 깬다. 음악가와 작가들에 대한 이야기가 청소부의 입을 통해 나오는 게 신기했기 때문이리라. 그런데 우리 사회에서 청소부가 저런 이야기를 했다고 해보자. 과연 그의 말을 진지하게 듣는 사람들이 생겨났을까? 혼잣말을 주절거리는 모습을 보고 미친 사람이라 여기지 않았을까? 이런 상황에서 청소부와의 커뮤니케이션은 불가능한 일이 된다. 한국 사회에서 그들은 '유령' 같은 존재이기 때문이다.

만약 청소부가 아니라 사회적으로 인정받는, 소위 배운 사람들이 음악가와 작가들에 대해 이야기를 했다면 어땠을까? 분명 대접이 달라졌을 것이다. '역시'란 말을 연호하며 그들의 말을 하나라도 더 주워 삼키려 했을 것이다. 우리 사회에서 '직업'은 서열의 또 다른 이름이다. 어떤 직업을 갖고 있는지가 한 인간을 평가하는 척도가 되고, 그 사람의 소득 수준과 사회적 자본을 결정짓는다. 그래서 '더 나은 직업'을 갖기 위해 어린 시절부터 끊임없이 '공부'에 매진한다. 이게 "공부 못하면 저런 사람 된다"는, 반인권적이고 차별적인 데다 무례하고 너무나 뻔뻔해 어이없는 말이 사람들의 입에서 쉽게 튀어나오는 이유다.

직업에서의 자유는 직업을 이유로 차별받지 않을 권리다. 헌법 제11조 제1항에는 "모든 국민은 법 앞에 평등하다. 누구든지 성별, 종교 또는 사회적 신분에 의하여 정치적·경제적·사회적·문화적 생활의 모든 영역에 있어서 차별을 받지 아니한다"라고 규정되어 있지만, 우리 사회에서는 직업만으로 사람을 차별하는 일이 부지기수로 일어난다. 또 특정한 직업을 가진 사람은 헌법 제11조 제2항에서 규정한 것처럼 "사회적 특수계급의 제도는 인정되지 아니"함에도, 사회적으로 특수한 사람으로 인정받는다. 재벌, 관료, 법조인 등등이 그렇다.

원래 그런 것은 없다

익숙하다고 해서 당연한 것은 아니다. 이 사회에서 통용되는 통념은 절대 진리가 아니다. 통념은 시간이 지남에 따라 바뀌기 마련이고, 장소에 따라 다르다. 오히려 익숙한 통념은 우리 사회의 변화를 막고, 인간의 행복을 가로막는 벽이 될 가능성이 크다.

우리는 살면서 어떤 일을 마주할 때 이런 말을 자주 듣게 된다. "원래 그래", "사는 게 원래 그런 거야", "어디든 똑같아", "누구나 힘들어." 이런 말에 담긴 함의는 체념과 포기, 길들여짐, 변화에 대한 불신 등이다. 하지만 원래 그런 것은 없고, 사람마다 사는 게 다르다. 어디든 똑같지 않고, 누구나 힘든 것도 아니다. "왜?"라는 질문은 그래서 중요하다.

일상생활에서 너무나 익숙한 광경이지만 나로선 여전히 이해가 되지 않는 일들이 많다. 우선 국기에 대한 경례와 맹세가 그렇다. 공식적인 행사에는 국민의례가 있다. 이때 빠지지 않는 것이 국기에 대한 경례고 그때 흘러나오는 것이 국기에 대한 맹세. 오른손을 가슴에 대고 "나는 자랑스러운 태극기 앞에…충성을 다할 것을 다짐합니다"란 맹세문을 들을 때마다 대체 내가 왜 여기서 이러고 있는 건지 이해가 가지 않는다. 그래서 어느 순간부터는 오른손을 가슴에 대지 않고 멀뚱히 서 있는 것으로 소극적인 저항을 하고 있다.

대한민국 국적을 가진 이라면 모두 이 국민의례에 동참해야 하는 걸까? 난 아니라고 본다. 내 상식으로는 국가를 상징하는 국기라는 깃발에 경례와 맹세를 하는 건 이해가 되지 않는다. 신에게 기도하는 것과 무엇이 다른 행위인가. 나치 독일에서 행해지던 '하일 히틀러'와 무엇이 다른가. 나 외에는 다른 우상을 섬기지 말라고 했던 신을 믿는 기독교인이라면 국기에 대한 경례는 하지 말아야 하는 것 아닌가. 그 전에 한 국가의 국민이라는 이유만으로 국가에 충성을 해야 하는 걸까? 국가를 운영하는 주체가 누구든지 간에? 과연 국가는 국민에게 맹세를 받을 수 있는 인격체라도 되는 걸까? 국민의 맹세를 받아야 할 만큼 국가가 국민보다 상위에 있는 걸까? 도무지 이해가 되지 않는 일이다.

이해할 수 없는 일은, 또 있다. 왜 도심을 운행하는 버스의 운전사는 화장실도 제대로 가지 못하는 걸까? 서울에서 버스를 타본 사람이라면 버스 운전사가 탑승객이 좀 적은 구간에서 "죄송한데 잠깐 화장실 좀 다녀오겠다"며 황망히 자리를 비우는 광경을 보았을 터이다. 왜 이 버스 운전사는 생리적인 욕구를 이리 급하게, 길거리에서, 더구나 죄송하다는 말과 함께 해결해야 하는가? 이들에게 화장실을 마음 놓고 편하게 갈 수 있는 시간과 공간쯤은 제공되어야 하지 않을까?

편의점에서 물건을 사면 왜 반복적으로 "얼마입니다, 얼마 받았습니다, 얼마 거슬러 드리겠습니다"란 말을 들어야 하는가? 왜 법을 어겼다는 혐의만으로 언론에 피의자의 얼굴과 신상이 공개되는가? 재판에서 확정 판결을 받을 때까지는 무죄로 추정된다고 헌법에 명시되어 있지 않은가? 또 왜 SNS를 통한 개인 간의 대화 내용이 수사기관에 의해 파헤쳐져야 하며, 입사할 때 그 사람을 판단하는 주요 준거가 되어야 하는가? 성 소수자들은 왜 성적 정체성 때문에 죄인 취급을 받아야 하는가?

'가난' 때문에 수치심을 느끼는 것이 온당한가? 왜 연예인의 병역기피는 '공인'이 저지른 '악'이 되면서, 진짜 공인들이 저지른 병역기피는 제대로 처벌받지 않는가? 어떤 신념에 의한 병역거부가 왜 병역기피로 오인받아야 하는가? 왜 학생들은 인간으로서 존중받지 못하고, 학생이라는 이유만으로 마음대로 머리카락을 기르거나 옷을 입을 자유조차 제한받아야 하는가? 왜 우리는 태어날 때부터 열세 자리 숫자를 부여받고, 이게 없으면 각종 차별대우를 받아야 하는가? 표현과 사상의 자유가 있는 나라에서 왜 특정 사상을 가질 자유는 제한받아야 하는가? 학교에서의 체벌은 왜 폭력이 아니라고 하는가? 체벌 금지가 교권 침해와 무슨 상관이 있는가? 왜 우리는 길을 걸으면서 항상 차를 의식해야 하며, 횡단보도에서조차 차를 피하기 위해 뜀박질을 해야 하는가? 똑같은 일을 하는데 정규직보다 비정규직이 더 적은 월급을 받는 이유는 무엇이며, 회사가 어려울 때 회사를 어려움에 빠뜨린 장본인이자 정책 결정자인 경영자보다 노동자가 먼저 생존을 위협받아야 하는 이유는 무엇인가?

일상적으로 벌어지는 일에 대해 '왜'라는 질문을 할 때 병든 사회의 참모습이 드러난다. 그러나 이런 질문을 하지 않으면 그 참모습을 절대 알 수 없다. '원래 그런 것'은 없다. 무엇이든 당연하게 여기지 말자. 우리 사회는 병들었다. 그 속에서 살고 있는 우리는 아프다. 아픔을 아픔으로 받아들여야 한다. 무작정 견디려고만 해서는 안 된다. 그래야 변화가 생긴다.

우리가 사는 사회는 '통념의 힘'이 너무 강하다. 습관과 관습, 습속과 통념이 법치국가에서 최고의 권위를 가진 헌법조차 무시하는 수준에 이르러 사회를 병들게 하고 있다. 알베르 카뮈는 "전염병과 환자로 나뉜 세상에서 전염병 편에 서지 않는 것이 인간의 의무"라고 했다.[15] 인간으로서의 의무를 다하기 위해서는 먼저 무엇이 전염병인지 알아야 할 것이다. 이 사회를 병들게 만들고 우리로 하여금 병폐에 찌든 이 사회를 견디도록 만든 그 전염병은, 우리가 살면서 절대적인 진리라 믿고 있는, 믿도록 강요당한 온갖 '우상'(偶像) 안에 깃들어 있다.

---

15 하워드 진, 앤서니 아노브 엮음, 윤태준 역, 『역사를 기억하라』(오월의봄, 2013), 80.

6

우상이
지배하는 사회

민주주의와 파시즘의 차이의 진정한 의미를 정의하는 방법은 한 가지다. 민주주의는 개인의 완전한 발전을 위한 경제적·정치적·문화적 조건을 창조해 내는 체제다. 반면에 파시즘은 어떤 이름을 내세우든 관계없이 개인을 자신과 관계없는 목적에 종속시키고, 진정한 개성의 발달을 약화시키는 체제다.[1]

에리히 프롬의 말이다. 그는 개인의 완전한 발전, 개성의 발달을 기준으로 민주주의와 파시즘을 구분했다. 그의 말처럼 파시즘 체제는 개인보다는 조직을 우선시한다. 개인의 희생을 최고 덕목으로 보고, 개인에게 이를 과하게 요구한다. 히틀러는 '비이기적인 것'을 칭찬하고, "자신의 행복을 추구하는 사람은 오히려 천국에서 지옥으로 떨어진다"고 말했다.[2] 이 기준에 따르면 우리 사회는 과연 어떤 사회일까? 파시스트 사회까지는 아니더라도 어쨌든 개인의 완전한 발전과 개성의 발달을 목표로 하지

---

1 에리히 프롬, 김석희 역, 『자유로부터의 도피』(휴머니스트, 2012), 281-282.
2 같은 책, 240.

않는 건 확실하다.

우리 사회는 개인보다 조직을 우선시한다. 개인의 행복에 초점이 맞춰져 있는 게 아니라 학교나 회사나 국가의 발전이 개인보다 우선하며, 그것을 가능케 하는 수많은 이데올로기, 사회적·심리적 기제가 곳곳에 살아 있다. 그 안에서 개인은 옴짝달싹할 수 없을 정도로 얽매이고, 사회가 정해놓은 규율 안에서만 자유를 허용받는다.

국가주의, 애국주의, 서열주의, 경제지상주의, 물신주의, 교조주의, 학벌주의, 권위주의, 반공주의 등등 '주의'가 붙는 수많은 말들이 실체적 힘을 가지고 개인의 생활을 지배한다. 여기에 긍정, 질서, 안보, 경제, 개발, 성장, 자기 계발, 안전 등의 말이 본래의 뜻보다 더 강한 힘을 지니고 개인의 자유를 옥죈다.

나는 이것을 우상(偶像)이라 칭한다. 우상의 사전적 의미는 다음과 같다. 1) 나무·돌·쇠붙이 따위로 만든 사람이나 신의 형상, 2) 신앙의 대상으로 삼는 잡신(雜神)의 상, 3) 맹목적인 인기나 추종, 존경의 대상. 그렇지만 내가 생각하기에 우상은 사람들이 절대적이라 믿는 것, 한 치의 비판도 허용하지 않고 맹목적으로 믿는 힘을 가진 '실체'다. 리영희의 말처럼 "절대적인 것, 신성불가침의 것으로 믿고" 있는 것이 우상이다.[3]

우상의 특징은 맹목과 맹신이다. 우상은 우리에게 해를 바라보는 해

---

3 리영희, "읽는 이에게", 『우상과 이성』(한길사, 1980), 6.

바라기처럼 자신을 맹목적으로 추앙하고 따르길 강요한다. 때로 우상은 세상 사는 지혜인 것처럼, 세상을 살아내기 위해서는 꼭 필요한 것처럼 우리 삶을 엄습하기도 한다.

이런 우상은 거저 생겨나는 게 아니다. 우리가 절대적이라 믿고 있는 대상들은 오랜 경험의 산물인데, 앞서 열거한 '주의'로 끝나는 온갖 말들에서 알 수 있듯이 그것은 강자가 내세우는 논리와 절묘하게 들어맞는다. 강자가 되기 위한 방법, 또는 강자가 약자를 지배하기 위해 내세우는 논리, 이 사회에서 살아내기 위해서는 반드시 따라야 할 것처럼 강요되는 규범 같은 것들이 우상으로 변태하고 세상을 지배한다. 마치 그 논리가 진리인 양 회자되며, 이를 벗어나면 '비정상'이란 딱지가 붙는다. 우상 앞에서는 복종과 순종, 순응만이 허락되며 불복종과 저항, 반항은 형벌의 대상이 된다. 다른 의견조차 허락되지 않는다. 우상으로 화한 강자의 논리는 체제에 복종하는 인간과 그런 인간으로 채워진 사회를 만들어내고, 사회의 온갖 부조리를 정당화시킨다.

우리 시대의 우상은 여러 가지다. 특이한 점은 그것이 눈에 보이는, 즉 물리적인 실체를 갖는 경우가 별로 없다는 것이다. 우상은 인간의 관념 안에서 생생한 힘을 갖기에 더더욱 큰 힘을 발휘한다. 실체가 모호하지만 분명히 살아 있는 우상, 그 우상이 자유롭고 독립적인 인간의 길을 막고 있다.

국가와 국민, 그 헤어나올 수 없는 족쇄

우리는 태어날 때부터 '국민'이라 칭해진다. '대한민국'이라는, 아니 2002
년 월드컵 이전에는 주로 '한국'이라 불렸던 '국가'의 '국민'이 나와 당신,
그리고 한국에 살고 있는 모든 이에게 붙은 호칭이다. 내가 어릴 때는 오
후 5시면 어김없이 국기 하강식이 거행되었는데, 이때는 만사를 제쳐놓
고 보이지도 않는 국기 방향으로 가슴에 손을 얹은 채 서 있어야 했고,
교과서마다 실려 있던 "나는 민족중흥의 역사적 사명을 띠고 이 땅에 태
어났다"로 시작하는 국민교육헌장을 읽어야 했으며(그나마 다행스럽게도
1980년대에 학교를 다닌 덕분에 외우지는 않아도 되었다), 매주 월요일 아침
마다 전교생을 모아놓고 진행하던 조회 때는 "나는 자랑스러운 태극기
앞에 조국과 민족의 무궁한 영광을 위하여 몸과 마음을 바쳐 충성을 다
할 것을 굳게 다짐합니다"라는 국기에 대한 맹세를 들으며 서 있어야 했
다. 국민학교 1학년 때는 교과서에 실려 있던 전두환, 이순자가 등장하
는 대통령 취임식 사진을 봐야 했고, 미술시간이면 반공 포스터를 그려
야 했으며, 거리 곳곳에 붙어 있던 "간첩신고는 113"이란 글자와 어마어
마한 포상금을 보며 간첩을 잡으면 얼마나 좋을까를 생각했다.

어릴 때부터 투철한 반공의식과 더불어 애국심을 고취하는 갖가지
기제가 내 주위를 감싸고 있었다. 대한민국이라는 나라는 절대 바꿀 수
없는 나의 조국이자 반드시 사랑해야만 하는 대상이었다. 국가란 존재

와 당시 권력을 잡고 있던 정권에 대해서는 한 치의 의심도 허용되지 않았다. 아니 의심할 생각조차 하지 못했다. 1980년 5월, 광주 시민들을 대상으로 학살을 저지른 자가 대통령이 되어 세운 독재정권이 내게는 '정의 사회 구현'이란 거창한 구호로만 인식되었다. 국가와 정권은 오류가 없는 존재였으며, 이런 자랑스러운 국가에서 태어난 국민으로서 할 일은 오로지 '충성'밖에 없는 듯 보였다.

돌이켜 생각해보면 국가는 신(神)과 같은 존재였다. 당시 국가는 오류가 없는 절대자의 자리를 차지하고 있었다. 지금은 어떤가? 국가는 신도 아니고, 선(善)도 아니다. 김두식의 말을 들어보자.

국기에 대한 경례 등과 관련된 논쟁이 일어날 때마다, 저는 '왜 국가가 자꾸만 신의 자리를 넘보는 것일까' 하는 의문을 품게 됩니다. 국가와 신이 무슨 상관이 있냐고요? 상관이 있습니다. 충성 서약은 기본적으로 종교의 영역에 속한 것입니다. 역사적으로도 로마 제국의 황제들이 군인들로부터 충성 서약을 받은 것은 종교 제의의 일부였습니다. 이 세상에서 자신이 절대적인 선이라고 주장할 수 있는 자는 절대자인 신뿐입니다.…국가에 대한 충성 서약이 정당하려면, 그 국가가 절대적으로 선한 존재이며 그 선함이 변할 수 없는 것임이 전제되어야 합니다. 신에 대한 충성 서약은 신의 존재 자체가 절대적인 정의임을 인정한 사람들에게나 가능한 일입니다. 그러나 국가는 그런 절대적인 존재가 될 수 없습니다.[4]

국가가 국민의 안전을 지켜주기는커녕 국민을 상대로 폭력을 저지른 사례가 '대한민국 역사'에는 차고 넘친다. 제주 4·3항쟁, 보도연맹 학살, 유신시대의 수많은 죽음과 고문, 광주항쟁, 1987년 6월 항쟁이 대표적인 국가폭력 사례였다. 그러나 그 이후에도 국가는 평택에서, 밀양에서, 광화문에서, 용산에서 경찰력을 동원한 폭력을 자행해왔다. 어디 그뿐인가? 개인의 SNS 대화 내용을 사찰하고, 테러방지법 통과 이후 국가정보원에서 테러 용의자라고 지목하기만 하면 그 어떤 개인의 정보도 사찰할 수 있게끔 되었다. 국가와 국민을 위하고, 법을 수호한다는 명분으로 말이다.

헌법에서 규정한 것과는 달리 국가는 국민을 지배하는 존재로 볼 뿐, 주권자로 인정하지 않았고, 지금도 그런 듯하다. 국가는 주권자인 국민을 존중하고, 국민의 안전을 지키는 존재라기보다는 억압과 지배의 표상에 불과하다. 그런데도 우리는 그런 국가를 상징하는 국기에 대한 경례를 하며 국기에 대한 맹세를 읊고 있다. 애국심을 강요당하면서 말이다.

우상이 된 애국주의

2016년 1월 국무회의에서 '국가공무원법 개정안'이 통과됐다. 공무원 시

---

4 김두식, 『헌법의 풍경』(교양인, 2004), 83.

험 면접의 주요 평가기준이 될 공직가치에 '애국심'이 포함된 것이다. 당초 입법예고 때 들어간 민주성·도덕성·투명성·공정성·공익성·다양성은 제외되고, 애국심·책임성·청렴성만 남았다. 애국심을 어떻게 평가해야 할까? 과연 애국심이 민주성과 공익성, 다양성을 제치고 민주주의 국가의 공무원이 지녀야 할 필수요건으로 꼽힐 만큼 중요한 가치일까? 오히려 공무원의 사상검증을 불러오고, 정권의 입맛에 맞는 사람만을 뽑게 되는 여과장치 구실을 하지 않을까? 실제로 국가공무원법 개정안이 국무회의를 통과하기 전부터 이미 박근혜 정부 때 이루어진 공무원 면접에서는 응시자들에게 '애국가 4절 부르기'와 '국기에 대한 맹세 암기'가 요구되었고, '역사교과서 국정화', '원전 문제 갈등 세력', '국가 체제전복 세력' 등에 대한 질문이 나왔다. 어쩌면 애국심이 아니라 정권에 대한 사랑을 보여달라는 의도가 아니었을까?

'애국심'은 명확한 실체를 가지고 있지 않다. 애국의 기준이 불명확하기 때문이다. '애국심'을 비판하는 주요한 논거는 개인의 자유를 침해할 우려가 있다거나 배타적 민족주의를 부추긴다는 것이지만, 그보다 오히려 더 주목해야 할 사실은 애국심의 초점이 국가에 대한 사랑보다는 권력을 잡고 있는 정권에 대한 무비판적·절대적 충성에 맞춰져 있다는 점이다. 사정이 이러한데도 애국은 정권에 상관없이 국민이라면 꼭 가져야 할 품성으로 둔갑한다.

그러나 국가와 정부는 절대적인 존재가 아니라는 점, 국민의 자유와 행복을 침해한다면 그 존립 근거가 사라진다는 점, 민주주의 사회의 시민이라면 국가와 정부가 개인의 자유를 침해할 때 단호히 맞설 수 있어야 한다는 점에 주목해야 한다. 하워드 진의 말을 들어보자.

1898년 미국이 필리핀을 침략했을 때 그것을 비판한 소설가 마크 트웨인은 '반역자'라는 비난을 받았는데, 그는 이를 조롱조의 '왕조적 애국주의'라는 말로 되받아쳤다.

"왕조적 애국주의가 복음이라고 설파하고 있는 바는 무엇인가? '왕은 그 어떤 오류도 범할 수 없다'이다. 그런데 우리는 이 말에다 별 중요하지도 않은 단어를 끼워넣어 약간 바꾸고는, 노예근성을 가지고 대왕마마를 떠받들 듯이 하고 있다. 이런 식이다. '잘했든 못했든, 이 나라 미국에는 오류란 없다.' 이렇게 되면 우리는 우리가 가지고 있는 가장 소중한 가치를 저버리는 것이다. 그건, 뭔가 잘못되었다고 확신이 들면 국가가 내세우는 깃발과 국가 자체에 반대할 개인의 권리이다. 이와 함께 우리가 버리고 마는 것이 무엇인지 아는가? 본래는 그토록 존중심을 불러일으켰으나 이제는 기괴하고 우스꽝스러운 말이 되어버린 애국주의라는 단어이다."[5]

하워드 진은 이에 덧붙여 필리핀을 침공하며 필리핀 남자와 여자, 아

---

5 하워드 진, 김민웅 역, 『왜 대통령들은 거짓말을 하는가?』(일상이상, 2012), 148-149.

이들 600명을 죽인 미군 병사들에게 찬사를 보낸 당시 대통령 시어도어 루스벨트와 이 부당한 전쟁을 비판한 마크 트웨인 중 누가 애국적인가를 묻는다. 그리고 "이 나라를 정말 사랑하는 애국자라면…우리나라가 인권에 대한 헌신으로 존경받기를 원해야 하"며 "애국이라는 것이, 숱한 죽음과 고통만을 가져오는 저 협소한 자기중심적 국가주의와 종족적 집단주의를 넘어서도록 해야 한다"고 강조한다.[6]

애국심은 논쟁적인 단어고, 정권의 입맛에 따라 그 기준이 천차만별로 달라지는 기묘한 단어다. 그래서 국가권력을 잡은 정부는 애국을 가장해 정권에 대한 충성을 강요한다. 사실 국가와 정권을 동일시하는 경우가 흔하다. 아마도 국가의 실체가 모호하기 때문일 것이다. 어떤 국가가 되느냐는 어떤 정권이 권력을 잡고 있느냐에 따라 조금씩 달라진다. 그러나 이때도 국가를 떠받치고 있는 관료들의 행태 때문에 국가는 사실상 폭력의 주체라는 속성을 그리 크게 벗어나지 못한다. 기존의 시스템이 살아 있기 때문이다. 그래서 김두식은 국가에 대한 사랑보다 국가에 대한 통제가 더욱 중요하다고 말한다.

국가를 사랑하지 말자고 이야기하는 것은 아닙니다. 다만 국가에 대한 '사랑 표현'을 강제할 수는 없으며, 국가를 '사랑'하는 것보다 몇 배 더 중요한

---

6 같은 책, 150.

것이 국가를 '통제'하는 일임을 강조하고 싶을 뿐입니다.…국가를 사랑하는 것을 강조하는 나라보다는 국가를 통제하는 것에 관심을 가진 나라가 그나마 '덜 나쁜' 나라가 될 수 있었다는 사실입니다.[7]

국가는 우상이 되었다. 국가의 권력을 잡고 있는 이들이 그렇게 가르쳤고 국민이 그에 순응한 결과다. 민주주의 국가임에도 제대로 된 민주주의를 단 한 번도 실현시키지 못한 것도 이 때문이리라.

그 어떤 조직보다 강한 폭력수단을 가진 국가에 의해 되풀이되는 폭력은 국가에 대한 그 어떤 반대의견도 묵살할 수 있게끔 만든다. 그리고 이는 권위를 가진 대상, 나보다 힘이 센 대상, 권력을 가진 대상에게 대항하지 않아야 신상에 이롭다는 이데올로기를 만들어낸다. 국민이 주권을 쥔 국가에서 살고 있음에도 국가와 정부, 최고 지도자가 지고지순한 선이자 오류가 없는 존재인 것마냥 행세할 때 국가는 우리 삶을 옥죄며, 자유롭고 독립적인 인간의 길을 가로막는 우상이 된다.

---

7   김두식, 『헌법의 풍경』(교양인, 2004), 82-83.

그 우상의 실체를 우리는 히틀러 집권 당시의 독일에서 찾아볼 수 있다. 에리히 프롬은 나치 독일에서 히틀러 정부는 독일과 동의어가 되었고, 따라서 나치 정부에 협력하지 않는 것은 독일이라는 공동체에서 이탈하는 것이었다고 말한다.

히틀러가 권력을 장악한 뒤에는 국민 대다수로 하여금 나치 정부에 충성을 바치게끔 하는 또 하나의 유인책이 효과를 발휘했다. 수백만 국민에게 히틀러 정부는 '독일'과 동의어가 되었다. 히틀러가 일단 정권을 잡고 나자 그와 맞서는 것은 독일인 공동체에서 스스로 쫓겨나는 것을 의미했다. 다른 정당들이 폐지되고 나치당이 독일 '그 자체'가 되자 나치당에 대한 반대는 독일에 대한 반대를 의미하게 되었다. 일반 사람들 입장에서는 자기 개인이 더 큰 집단과 하나가 아니라는 느낌만큼 견디기 어려운 것은 없을 것이다. 독일 시민이 나치즘의 강령에 아무리 반대해도, 외톨이가 되는 것과 독일에 소속감을 느끼는 것 가운데 하나를 택해야 한다면 대다수 사람은 후자를 택할 것이다.[8]

---

8 에리히 프롬, 김석희 역, 『자유로부터의 도피』(휴머니스트, 2012), 218.

어떤 국가나 사회에서든 애국심이 강요되고, 애국심의 가치가 높아진다면 이런 일은 발생할 수 있다. 국가와 정부, 또는 최고 지도자가 한 몸이 되고 국민들이 그에 복종할 때 국가는 거대한 폭력의 집합체로 탈바꿈한다.

한나 아렌트는 아돌프 아이히만이 유대인 혐오자도 아니었고, 스스로 인류의 살인자가 되기를 바라지도 않았지만 그렇게 된 것은 그가 나치에 무조건적으로 복종했기 때문이라고 말한다. 제2차 세계대전 당시 유대인을 수용소로 이송했던 그의 죄는 나치가 덕목이라 일컬으며 찬양했던 복종에서 비롯되었다.[9] 나중에 나치 전범으로 교수형당한 알프레트 요들 장군도 마찬가지였다. 그는 뉘른베르크 재판에서 어떻게 "당신들 모두와 같이 존경받을 만한 장성들이 그 같은 무조건적인 충성심을 가지고 살인자에게 계속적으로 봉사할 수 있었는가?"라는 질문을 받고, 이렇게 대답했다. "자신의 최고 명령권자에 대해 판단하는 행위는 병사들의 임무가 아니다. 그 일은 역사가들이나 하늘의 신이 하게 하라."[10] 최고 명령권자의 명령이 정당한지, 인간의 양심에 저촉되지 않는지에 대한 판단을 남에게 맡겨버린 결과다.

최고 명령권자는 신이 아니다. 그가 신이라 해도 문제다. 누군가의

---

9 한나 아렌트, 김선욱 역, 정화열 해제, 『예루살렘의 아이히만』(한길사, 2006), 343.
10 같은 책, 226.

불온한 독서
188

목숨을 앗아가고, 한 개인의, 한 가족의 행복을 무참히 짓밟는 일은, 한 인종을 절멸시키는 일은 인류에 대한 죄다. 어떤 식으로도 정당화될 수 없는 일이다. 그러나 이들은 이런 짓을 거리낌 없이 자행했다. 조직의, 최고 명령권자의, 절대 권력의 명령이었기 때문이다. 이것이 바로 내 의지를 내려놓고 남에게 도덕적 판단을 맡겨버린 사람들, 절대 권력에 굴종한 사람들의 교조주의가 낳은 결과였다. 실제로 아이히만은 전쟁이 끝난 후에도 공공연하게 히틀러에 대한 무한한 충성심과 존경심을 설파했다. 독일의 공식 패배일인 1945년 5월 8일에 대해 그는 일기에 이렇게 썼다.

> 나는 지도자 없는 어려운 개인 생활을 영위해야 한다는 것, 누구에게서도 지령을 받지 않고 명령이나 지휘도 더 이상 나에게 내려지지 않으며, 참조할 수 있는 어떠한 포고령도 없게 될 것을 예감했다. 간단히 말해 이전에는 알지 못한 삶이 내 앞에 놓인 것이다.[11]

아이히만은 온전한 주체가 아니었다. 그는 지도자, 즉 절대 권력에게 명령받고 지시받는 데 익숙하고 그것을 당연시한 사람이었다. 사유는 필요 없었다. 남에 대해 생각할 필요도 없었다. 오로지 지도자의 입만 보고

---

11 같은 책, 86.

행동하면 되었다. 그의 말에 복종하면 되었다. 그게 아이히만의 태도였다.

아이히만에게 지도자인 히틀러는 불가침의 영역이었다. 뉘른베르크 재판정에 섰던 전범들도 마찬가지였다. 그들은 제3제국의 각 부처를 비판하긴 했어도 히틀러에 대한 비판은 삼갔다. 그 태도, 절대 비판할 수 없는 성역을 만들고 맹목적으로 믿어버린 그 태도가 국가폭력의 또 다른 원인이 되었다. 패색이 짙어진 전쟁 말기에 독일 곳곳에서 비정상적인 일들이 벌어진 것도 이 때문이다.

독일의 소설가 프리드리히 P. 레크말레체벤은 1944년 여름 바바리아 지역에서 농부들에게 격려 연설을 하던 여성 지도자에 대한 이야기를 다음과 같이 전한다.

그녀는 다가올 패배에 대해 농부들에게 솔직히 말했고, 여기에 대해 훌륭한 독일인들은 염려할 필요가 없다고 했다. 왜냐하면 총통이 "자비심 많게도 모든 독일 국민들을 위해 전쟁이 불행한 종말을 맞을 경우를 대비하여 가스 사용을 통해 편안한 죽음을 맞이할 수 있도록 준비해놓았기 때문이다." 그리고 글쓴이는 다음과 같이 덧붙였다. "오, 맙소사. 나는 이 장면을 상상할 수 없다. 이 사랑스런 여성이 허깨비가 아니라니, 나는 내 눈으로 그녀를 보고 있다. 40대를 바라보는 노란 피부의 미친 눈을 가진 여성을.… 그런데 무슨 일이 일어났던가? 이 바바리아 농부들이 죽음에 대한 그녀의 준비된 열정을 식혀주기 위해 그녀를 호숫물에 빠뜨렸는가? 그들은 그런 일을 하지 않았다. 그들은 머리를 저으며 집으로 돌아갔다."[12]

제2차 세계대전 당시 한스 폰 렌스도르프 백작이 『동프러시아의 일기』(1961)에 기록한 일화도 충격적이다. 당시 그는 소련 군대에 포위되어 철수가 불가능한 부상병들을 돌보기 위해 동프로이센의 쾨니히스베르크에 남아 있었는데 그때 어떤 여성이 다가와 정맥류를 치료해주길 원했다며 이런 이야기를 전한다.

현재로서는 쾨니히스베르크를 탈출하고 치료는 나중에 받는 것이 더 중요하다고 그녀에게 애써 설명했다. 당신은 어디로 가고 싶냐고 내가 그녀에게 물었다. 그녀는 어디로 갈지 몰랐지만 그들이 제국으로 모두 되돌아가고 있다는 것은 알고 있었다. 그러고는 그녀는 놀랍게도 다음과 같이 덧붙였다. "러시아인들은 결코 우리를 잡지 못할 것이에요. 총통께서는 결코 그것을 허용하지 않을 것입니다. 그보다 훨씬 전에 그가 우리에게 가스를 줄 것이니까요." 나는 은밀히 주위를 돌아보았다. 그러나 어느 누구도 이 말이 정상에서 벗어난 것임을 알아차린 것 같지 않았다.[13]

---

12 같은 책, 179-180.
13 같은 책, 180.

서열에 백기투항하다

누군가에 대한 맹목적 믿음은 온전한 사고를 방해한다. 한 인간의 사고와 사유의 능력은 그의 독립 여부와 관련이 깊다. 스스로 생각하지 않고, 판단하지 않고, 행동하지 않은 채 교조주의에 빠져 절대 권력자의 '말씀'과 지시를 기다리고만 있는 사람에게 사고와 사유, 성찰을 기대하긴 무리다. 정도의 차이는 있지만 서열을 중시하는 우리 사회에서도 이런 교조주의를 흔히 볼 수 있다.

한국 사회는 서열사회다. 계급이나 계층과는 그 어감부터가 다른 게 서열이다. 계급이나 계층은 경제적 자본이나 사회적 자본과 관련이 깊지만 서열은 그 범위가 훨씬 넓다. 경제적 능력, 사회적 지위, 조직 내 직위뿐만 아니라 나이, 성별, 직업, 능력, 성공 여부 등등 인간이 처한 모든 조건에 서열이 존재하고, 우리는 끊임없이 서열을 확인하며 스스로를 서열상 특정한 위치에 놓는다.

학교에서는 공부를 잘 하느냐 못하느냐에 따라 서열이 나뉘고, 직장에서는 직위에 따라, 사회생활에서는 나이에 따라, 때론 직업에 따라, 자본을 얼마나 갖고 있느냐에 따라, 권력을 얼마나 갖고 있느냐에 따라, 살고 있는 아파트 평수에 따라, 사는 지역에 따라, 스펙에 따라, 성공 여부에 따라, 물건을 사는지 파는지에 따라, 누군가를 철저히 밟고 올라서거나 혹은 누군가에게 고개 숙이는 것이 당연하다고 생각한다. "자리가 사람을 만든다"는 말이 아무 거리낌 없이 통용되고, 서열로 사람 됨됨이를 평가하는 데 전혀 거부감이 없다.

우리는 내 서열을 확인하고 남과 나를 비교하는 일에 익숙하다. 누군가를 만났을 때 나이를 확인해야 마음이 편하고, 나이를 확인하고 나면 잘 모르는 사람인데도 존대하거나 하대한다. 그 사람이 하는 일을 알게되면 나이와는 별개의 서열이 생긴다. 백화점이나 마트에서 물건을 살때 고객은 '왕'이 되고, 군대에서 계급이 '깡패'인 것처럼 직장에서는 직위가 '깡패'가 된다. 인도의 불가촉천민처럼 하는 일이 무엇인지에 따라 누군가는 항상 무시당하고, 그 누군가 역시 자기보다 서열이 낮은 사람을 무시하기 일쑤다. 어느 대학을 나왔는지에 따라 서열이 나뉘고, 얼마나 많은 스펙을 갖고 있는지에 따라서도 우열이 가려진다.

남보다 서열이 높은 이가 자기보다 서열이 낮은 사람들에게 '꼰대짓'이나 '갑질'을 하는 일이 부지기수고, 비교적 서열이 낮은 이는 억울함을 삼키며 한없이 자세를 낮추지만, 그 역시 자기보다 서열이 아래인 사람 앞에서는 '꼰대'가 될 가능성이 높다.

이 뿌리 깊은 서열의식과 특권의식이 부조리한 사회를 지탱하는 우상으로 작용한다. 나보다 서열이 높은 사람에게 특권이 부여된 것처럼 여기는 한, 상대적 우위에 있는 사람이 특권의식에 사로잡혀 자기 서열에 맞는 의전을 너무나 당연시하는 한, 자기보다 서열이 높다고 생각하는 사람을 향한 '의전'이란 이름의 '섬김'을 당연시하는 한, 우리의 자유와 독립은 요원해진다. 박노자가 '절망을 느끼는 순간'도 그랬다.

> 몇 개월 전, 한 국내 대학에서 있었던 일이다. 일이 있어 국학과 관련이 있는 한 학과로 가는 중이었는데 그 학과가 있는 건물 1층 승강기 옆을 수위 아저씨가 웬일로 지키고 서 있었다. 평소 같으면 수위실에 앉아 있을 양반이 왜 거기 서 있는지 약간 어리둥절했지만, 아저씨가 내게 "지금 이사장님께서 이 승강기를 타실 텐데, 같이 타시겠습니까?"라고 물어보는 순간, 모든 게 다 이해가 됐다. 아마 '이사장님'이라는 높으신 분은 자기 손가락으로 승강기 버튼을 누르는 게 좀 어려운 모양이었다. 외모만으로 처음 보는 사람의 나이를 알긴 어렵지만 한눈에 그 '이사장님'이 아저씨보다 다소 젊어 보였다.…잠시 후 운 좋게도 '이사장님'과 같은 층에서 내리려는 순간, 승강기 앞에 이열종대로 줄지어 '나리님' 납시기만을 기다리던, 그 층에 자리한 학과의 교수·대학원생 일동이 일제히 머리를 조아리는 것이 보였다. '주상전하' 납시길 오매불망 그리던 신하들 모습이 이랬을까.[14]

박노자는 이 모습을 보며 "타인의 권력에 '내 몸'을 맡기는 그 순간, 독립적 개체로서의 '나'는 더 이상 존재하지 않는다"며 이 나라에서 교원노동자로 살아가기 위해 "그 '나리님'들에게 백기투항할 생각은 없다"고

---

14 박노자, 『박노자의 만감일기』(인물과사상사, 2008), 32-33.

말한다.[15] 그러나 현실은 어떤가? 나리님을 위해 승강기 버튼을 누르고 있어야 하고, '의전'이라는 명분 아래 '이열종대'로 나리님 행차하시기만을 기다리는 일이 부지기수다. '백기투항'이라고 여기지도 않은 채 그냥 당연한 일처럼 행동하는 것이다.

특권의 내면화

서열을 당연시하는 태도는 특권을 당연시하는 인식으로 이어진다. 권력이나 금력을 더 많이 가진 사람이 특권을 누리는 게 당연하다고 여기는 것이다. 김두식은 『헌법의 풍경』에서 그 특권이 생기는 과정을 생생히 증언한다. 그는 고시 실패로 스스로가 '벌레'처럼 느껴지는 경험을 했던 이들이 사법시험에 합격하고 사법연수원에 들어가는 순간, 신분이 수직으로 상승한다고 말한다. 주위의 시선이 달라지고, 사법연수원생과의 결혼을 주선하는 '마담뚜 아줌마'들이 집으로 전화를 걸어오기 시작한다. 빌딩 한 채를 제안받거나 최소한 10억 원의 지참금을 보낼 거라는 약속을 받았다는 이야기가 연수원생들 사이에서 회자된다. 김두식은 바로 거기서부터 특권의식이 싹 튼다고 말한다.

---

15 같은 책, 34.

'공식적으로는' 이런 마담뚜 아줌마들이 혐오의 대상이었고, 마담뚜의 도움으로 결혼을 하게 될 사람은 하나도 없어 보였습니다. 우리가 순진했던 것이죠. 이런 이야기를 듣는 동안 우리 머릿속으로 알게 모르게 '우리는 얼마짜리'라는 생각이 자라나고 있음을 깨닫지 못했던 것입니다. 그리고 주변에는 하나둘, 신붓감을 설명할 때 '신부가 어떤 사람인지'를 이야기하는 대신, 묻지도 않은 '신부 아버지의 신분과 직업'을 이야기하는 연수생들이 늘어갔습니다.[16]

김두식도 그런 특권의식에서 자유롭지 못했다. 그는 "주변에서 자꾸 그런 이야기를 듣는 동안 '나는 세상 부귀영화에 욕심이 없는 사람이므로, 재산 없는 집 출신과도 결혼할 수 있을 것'이라는 일종의 자부심이 생기기 시작"했는데 이런 생각을 하는 것 자체가 "어처구니없는 일"이라고 얘기한다. "결혼은 그저 결혼일 뿐, 가난한 집 처녀와 결혼했다고 해서 그게 곧 그 사람의 인격이 훌륭하다는 증거가 아"니고, "그런 생각을 하는 것 자체가 특권의식이었음"을 나중에야 깨닫게 되었다는 것이다.[17]

사법연수원생들의 특권의식은 군대에 가서도 그대로 유지된다. 군법무관이 되기 위해 간부후보생으로 군사훈련을 받아야 할 때도 제대로 된

---

16 김두식, 『헌법의 풍경』(교양인, 2004), 120.
17 같은 책, 120-121.

훈련을 받지 않았고, 첫 면회 이후 숨겨놓았던 술이 적발되었을 때도 단식투쟁이란 집단행동을 통해 이를 무마시켰다. 아침 점호에 나가지 않아도, 시험 때 손바닥에 컨닝할 문구를 적어놓고 교관의 손바닥 검사를 거부하는 등 징계받을 일을 저지르고도 제대로 된 처벌을 받지 않았던 것이다. 그렇게 훈련을 마치고 군법무관이 된 이후에는 명령 위반자나 군무 이탈자들을 군 교도소로 보내는 일을 했다. 자신이 하면 특권으로 무마하고, 남이 하면 범죄가 되는 걸까? 김두식은 당시 이들이 특권을 누리게 된 배경을 이렇게 말한다.

우리를 지도하는 훈육대장이나 구대장들, 심지어는 별을 단 장군들조차 분명히 사회적 강자는 아니었습니다. 오히려 117명의 특권집단의 눈치를 보는 데 급급한 나약한 사람들에 불과했습니다. 3년 후면 모두가 판검사, 변호사가 될 사람들인 데다가 다수의 후보생들은 전·현직 국회의원, 장관, 법원장, 검사장 등을 아버지 또는 장인으로 두고 있었습니다. 친구나 선후배는 대개 법조인들이었고, 동기생들은 이미 판검사가 되어 있는 집단이었습니다. 누구도 함부로 대할 수 없는 사람들이었고, 무엇보다도 후보생들 자신이 그 사실을 가장 잘 알고 있었습니다.[18]

---

18 같은 책, 133.

갑작스레 신분 상승을 이룬 사람들의 특권의식이 이럴진대, 특권을 갖고 태어난 이들, 이른바 '금수저'를 입에 물고 태어난 이들이 가진 특권의식은 어느 정도일까? 아마 보통 사람들이 생각하는 그 이상으로 기묘할 터다. 재벌가에서 대한항공의 땅콩회항 사건이나 대림산업 부회장의 운전기사 폭행, 한화 김승연 회장의 '야구 방망이' 폭행사건 등 어이없는 일들이 이루 헤아릴 수 없을 만큼 많이 벌어지는 이유도 특권의식과 무관치 않다.

이들에게 아랫것들은 인간도 아닌 듯하다. 아랫것들은 감히 윗분들의 말을 거스를 수 없고, 윗분들의 말에 '복종'하는 게 당연하다. 살아오는 내내 그렇게 교육받고, 또 훈련받았다. '섬김'은 이들에게 당연한 일이었을 테다. 박노자는 바로 이 지점에서 문제의식을 느꼈다. 그는 2006년 "이건희의 명예철학박사 수여 반대 시위로 '찍혔다'가 나중에 보직교수 몇 명을 '억류'했다는 이유로 '출교'라는, 대학 사회에서의 '사형'을 받은 일곱 명의 고려대 학생들"이 저지른 일에 비해 과중한 처벌을 받았다며 이렇게 말한다.[19]

지각한 학생을 200대 이상 때린 교사는 '문책'받는 정도면 족하고, 성을 구매한 남성은 제대로 처벌받지 않더라도 '성교육'을 이수하는 것으로 얼마든

---

19 박노자, 『박노자의 만감일기』(인물과사상사, 2008), 35.

지 '용서'받을 수 있는 사회다. 그러나 '감히 윗분의 체면'을 건드리고도 읍소하며 자비를 베풀어달라고 싹싹 빌지도, 자신의 주장을 굽히지도 않는, 자기의식과 자존심이 강한 인간은 절대 용서받지 못한다. "아니 어떻게 감히 윗분들을!" 우리 사회는 원칙상 '아랫것'에게 자존심을 허용하지 않는다.…이러한 생존방식을 거부한 자는 '추방한다'는 게 우리 사회의 불문율이다.[20]

박노자는 "이건희의 철학(?)이 학위를 받을 가치가 있는지 없는지 아무런 문제의식 없이 학위를 준 교수들"과 출교생들을 머릿속에서 지워버린 학생들을 가리켜 "자본에 포섭되어 자본의 질서를 당연지사로 보는 시각을 이미 내면화한 '순치(馴致)된 대중들'의 전형적인 모습"이라며 이렇게 덧붙여 말한다.

지금 한국에선 이 '순치된 대중들'이 사회적 헤게모니를 장악하고 있다. 고소득을 올리는 자영업자나 기업임원, 중·고급 국가공무원 등 소수의 명실상부한 '중산층 상부'를 지향점으로 삼아 다수가 살인적 경쟁 속에서 신분 상승을 도모하는 '아비투스'가 이리 우리 사회에 자리 잡은 것이다.[21]

---

20 같은 책, 36-37.
21 같은 책, 37.

이런 아비투스가 뿌리 깊게 자리 잡은 사회에서 과연 마루야마 겐지와 권정생이 한 이런 말들에 귀 기울일 사람은 얼마나 될까?

산 자에게 유일무이한 보물은 누구의 지배도 받지 않고 아무도 지배하지 않는 것이다. 그것이야말로 진정한 자유이고 진정한 자립이며 진정한 젊음이다.[22]

기름진 고깃국을 먹은 뱃속과 보리밥 먹은 뱃속의 차이로 인간의 위아래가 구분 지어지는 것 자체가 부끄러운 것이다. 약탈과 살인으로 살찐 육체보다 성실하게 거둔 곡식으로 깨끗하게 살아가는 정신이야말로 참다운 인간의 길이 아닐까.[23]

성공, 만능이 되다

서열과 특권이 일상화된 사회에서 가장 중요한 가치는 무엇일까? 권력과 금력, 즉 힘을 갖는 일이 될 테다. 이를 포괄적으로 함축한 단어가 성

---

22 마루야마 겐지, 김난주 역, 『나는 길들지 않는다』(바다출판사, 2014), 192.
23 권정생, "유랑걸식 끝에 교회 문간방으로", 『우리들의 하느님』(녹색평론사, 1996), 13.

공이다. "억울하면 출세하라"는 말은 지금도 참이다. 경험칙에서 알 수 있듯 성공은 더 높은 서열과 더 많은 특권을 가질 수 있는 길처럼 여겨진다. 성공한 자에 대한 과도한 '선망' 덕분에 '권위주의'와 '서열주의', '특권의식'이 인정받고, '성공지상주의'가 일상화된 사회에서 성공한 자에 대한 복종이 배태된다.

아돌프 아이히만은 예루살렘에서 재판받는 내내 제2차 세계대전을 일으키고 독일을 패망의 길로 이끈 히틀러에 대한 존경심을 유지했다. 그는 절대 히틀러를 비판하지 않았다. 그가 성공한 자였기 때문이다.

> 모든 것이 틀린 것은 아니고, 이 하나만큼은 논쟁의 여지가 없습니다. 그 사람은 노력을 통해 독일 군대의 하사에서 거의 8,000만에 달하는 사람의 총통의 자리에까지 도달했습니다.…그의 성공만으로도 제게는 이 사람을 복종해야만 할 충분한 근거가 됩니다.[24]

성공한 자가 성공한 이후에 어떤 일을 자행했는지는 중요치 않다. 또, 성공을 위해 어떤 수단을 택하고 어떤 폭력적인 방법을 동원했는지도 중요치 않다. 단지 성공했다는 이유 하나만으로 아이히만은 히틀러 집권 기간 내내, 또 그가 자살한 지 한참이 지난 후에도 그에 대한 존경심을

24　한나 아렌트, 김선욱 역, 정화열 해제, 『예루살렘의 아이히만』(한길사, 2006), 198.

갖고 있었다. 성공한 자, 히틀러는 아이히만에게 논쟁의 여지조차 없는 '성역'이었다.

우리 사회에서도 성공한 사람은 성역이다. 인사청문회 자리에서 어떤 비위 사실이 밝혀져도 사회적으로 성공한 사람이라는 이유로 수사나 처벌의 대상에서 제외된다. 최악의 경우라 해도 장관 후보자에서 물러나는 정도로 일단락된다. 대부분은 '유감을 표한다'나 '불찰이었다', '당시 관행이었다' 등 사과인지, 잘못했다는 것인지, 그래서 어쩌겠다는 것인지 모를 두루뭉술한 말로 무마하며 장관 자리에 오른다. 법치국가에서 법을 어기고도 법에 따른 처벌을 받지 않는다. 심지어는 법을 엄정하게 집행해야 할 법무부 장관이나 검찰총장 후보자들의 청문회 자리에서 탈법과 위법 의혹이 제기돼도 그걸로 끝이다. 법이 사람을 가리는 것이다. 왜 그럴까? 이게 다 그가 사회적으로 성공한 사람이기 때문이다.

'유전무죄 무전유죄'란 말이 참으로 여겨지는 이상 성공한 사람에게 죄를 묻기는 힘들다. 우리 사회에서 성공의 기준은 '돈'이나 '권력'을 얼마나 많이 갖고 있느냐다. 그것을 얻기까지의 과정은 중요치 않다. 오직 '성공'이란 결과만이 중요할 뿐이다. 그리고 많은 경우 '성공'은 세습된다. 부의 세습, 권력의 세습이 부지기수로 이뤄지며, 부모로부터 물려받은 것이 있는 사람은 태어날 때부터 남들과는 출발선이 다르다. 부모의 성공을 자녀가 이어받고, 특권을 이어받는다.

그러다 보니 우리는 어떻게든 성공하려 애쓴다. '사'자가 들어가는 직업을 갖기 위해, 돈을 더 많이 벌기 위해, 성공의 기준에 부합하기 위해 가진 자든 못 가진 자든 무슨 수를 써서라도 자녀를 성공한 자의 반열에 올리기 위해 애쓴다. 엄청난 규모의 사교육이 이뤄지는 것도, 자기 외의 모든 사람을 경쟁자로 인식하게 만드는 것도, '자기 계발'과 '스펙 쌓기'에 열중하는 것도 이 때문이다. 모두 다 '성공'만을 위해 내달리는 게 이 사회다. 이처럼 획일적인 목표 앞에서 인간으로서의 양심과 권리라는 가치는 무시해도 되는 것으로 전락한다. 힘을 가지기 위해 양심 따위는 필요 없다고 여긴다. "자리가 사람을 만든다"는 말처럼, 자리가 그 사람을 평가하는 절대적인 기준이 되기 때문이다.

러시아 속담에 "자리가 그 사람을 명예롭게 만드는 것이 아니고 사람이 그 자리를 명예롭게 만든다"는 말이 있는데 우리 현실은 그 반대다.…끔찍한 사실이지만 우리 사회의 개인 대다수는 '개인'이라기보다는 '마네킹'에 더 가깝다. 무슨 제복이나 장교복, 귀족복을 입히면 입힌 대로 그 모델이 되는 것이다. 외물(外物)로부터 자유로운 '나'는 없어지고 외부의 '표준' 욕망들이 그대로 내면에서 복제되고 만다. SF 영화에선 로봇이 세상을 지배하기도 하지만 사실 지금 우리 사회에도 겉으로는 '인간'처럼 보이는 '로봇형 인간'의 비율이 꽤나 높다. 더 끔찍한 문제는 그들을 프로그래밍하는 자들도 '로봇'에 불과하다는 사실이다.[25]

성공은 만능이다. 자리가 사람을 만들 듯, 성공이 그가 어떤 사람인지를 평가하는 유일한 기준이 된다. 성공한 사람의 됨됨이가 좋은지 나쁜지는 그리 중요한 문제가 아니다. 사람들이 주목하고 선망하는 것은 성공 그 자체요, 그가 입은 제복이다. 성공에 대한 일반 사람들의 과도한 선망 때문에 성공한 자는 특권을 부여받고, 그 특권을 당연하게 여긴다.

성공과 마찬가지로 성장과 개발 역시 만능이다. 개발도상국 시절부터 끊임없이 강조되어온 성장과 개발 논리는 지금도 여전히 힘을 받고 있다. 물론 성장과 개발은 끊임없이 자본의 파이를 키워야 하는 자본주의 사회의 속성상 꼭 필요하다. 그러나 그 와중에 '분배의 형평성'이라는 자본주의 사회를 지탱하는 또 하나의 중요한 이슈가 묻힐 수밖에 없었다. 아니 분배를 얘기할 수조차 없었다. 이에 관한 장하성의 말을 들어보자.

한국 경제에 관한 관심은 항상 성장에 집중되었다. 권력을 가진 정치권, 재벌, 관계뿐 아니라 학계와 언론계까지도 성장지상주의자들이 장악해왔다. 그들은 성장을 모든 문제를 해결하는 최선의 방안이요, 만병통치약으로 생각해왔다. 분배는 성장을 저해하는 '경제악'으로 여겼고, 정의로운 분배를 주장하는 사람을 '빨갱이'로 몰기까지 했다. 심지어는 성장을 위해서 인간이 추구하는 근본적인 가치인 자유와 평등 그리고 인류가 사회라는 공동

---

25 박노자, 『박노자의 만감일기』(인물과사상사, 2008), 40-41.

체를 구성하면서 지켜온 정의와 민주라는 기본 질서까지 희생되어도 무방한 것으로 주장해왔다.[26]

성장지상주의 사회에서는 분배의 형평성이 무너지고, 재산 불평등, 소득 불평등, 고용 불평등이 심화된다. 기업의 경영악화로 인한 피해가 고스란히 노동자에게 전가되고, 기업 총수였던 자가 기업이 망하기 직전에 자기가 갖고 있던 주식을 비싼 값에 팔아넘긴 채 소위 '먹고 튀는' 일이 반복된다. 재벌 총수는 자본주의 시장 질서를 교란시켜도 '경제를 살려야 한다'는 허황된 논리로 법적 처벌을 면하거나 처벌받더라도 곧 사면되어 나온다. 책임은 다 하지 않고 오직 권력만을 누리는 것이다. 그 피해는 노동자들에게, 또 국민에게 전가된다.

이 악순환의 고리를 끊어야 한다. 대통령부터 시작해 정부의 고위 관료, 재벌 총수와 CEO 등 이 나라의 높으신 양반들은 그들이 가진 것보다 더 많은 권력을 누리고 있다. 그것을 가능케 하는 것이 성공지상주의라는 우상이고, 어떤 권력을 갖는 것만을 성공으로 여기는 태도다. 그 우상을 파괴할 때, 나보다 성공한 사람이라고 해서 꼭 나보다 더 뛰어난 것은 아니라는, 또 성공한 자라 할지라도 자신의 잘못에 대해서는 마땅히 책임져야 한다는 기본적인 상식이 통용될 때 성공은 그 특권을 내려

---

26 장하성, 『왜 분노해야 하는가』(헤이북스, 2015), 20.

놓을 수 있을 것이다. 그 고리를 끊는 일은 성공에 대한 과도한 선망을 거두는 것에서부터, 성공의 기준을 바꾸는 것에서부터 시작한다.

우상에 균열을 일으키는 '다른 의견'

앞서 언급한 것처럼 우상은 강자의 논리에서 배태된다. 그리고 우상은 다른 의견을 허용하지 않는다. 장하성의 말처럼 한국 경제가 성장에만 집중할 때 분배를 얘기하는 사람이 '빨갱이'로 몰리는 것도 이 때문이다. 강자의 논리에 반하는 의견을 허용하지 않는 맹목과 맹신, 이것이 우상의 실체다.

우상을 파괴하는 방법은 맹목과 맹신의 벽에 균열을 일으키는 것이다. 물론 쉽지 않은 일이다. 대부분의 경우 우상과의 싸움은 국가와 공권력, 재벌과 거대 자본, '진리'라 내면화되어 있는 믿음과 아비투스 등 이 사회를 지배하고 있는 강자 또는 지배이데올로기와 맞서는 일이기 때문이다. 이에 맞서는 개인은 결과적으로 사회 밖으로 내던져지고 유폐되게 된다.

16세기의 절대 권력자 칼뱅에 맞섰던 세바스티안 카스텔리오가 그랬다. 당시 칼뱅은 제네바에서 종교개혁을 이끌며, 신정정치로 권력을 쥐고 흔드는 강력한 지배자였다. 발단은 칼뱅이 이단자로 지목한 세르베투스를 산 채로 화형에 처한 것이었다. 슈테판 츠바이크는 이 사건이 가진 의미에 대해 이렇게 말한다.

세르베투스의 처형―볼테르의 말을 인용하면―은 개신교에서 일어난 최초의 '종교적 살인'이었고, 따라서 개신교 원래의 이념을 분명하게 부정한 사건이었기 때문이다. 사실 '이단자'라는 개념 자체가 개신교의 가르침에는 맞지 않는다. 개신교는 모든 사람에게 성서 해석에 대한 자유로운 권리를 인정하고 있었다. 그리고 처음부터 루터와 츠빙글리, 멜랑히톤 등은 종교개혁 운동의 아웃사이더나 극단론자에 대한 어떠한 형태의 폭력적인 조치에 대해서도 분명한 거부감을 보였다.…개신교 지도자들 중 어느 누구도 결정적인 조치, 즉 다른 의견을 가진 사람이나 자기 멋대로 생각하는 사람을 법정으로 인도해야 한다고 규정지으려 하지 않았다.…그들에게는 개신교에 종교재판을 도입하는 것은 불가능한 일로 여겨졌다. 그런데 칼뱅이 세르베투스를 불태워 죽임으로써 이러한 세계사적인 첫 발을 내디딘 것이다. 그는 개신교가 쟁취해온 '기독교도의 자유'의 권리를 단번에 없애버렸다. 이 단 한 번의 도약으로 그는 가톨릭교회를 능가했다! 가톨릭교회는 독자적인 생각을 가졌다는 이유만으로 단 한 사람을 산 채로 불태울 때까지 일천 년 이상을 망설여왔다. 그러나 칼뱅은 통치한 지 겨우 십몇 년 만에 그의 정신적 독재가 행한 이 가장 저급한 행위를 통해 개신교의 명예를 지워버렸다.[27]

세르베투스 화형을 두고 세바스티안 카스텔리오는 "한 인간을 죽이는 것은 절대로 교리를 옹호하는 것이 아니다. 그것은 그냥 한 인간을 죽이는 것을 뜻할 뿐이다. 제네바 사람들이 세르베투스를 죽였을 때, 그들은 교리를 지킨 것이 아니라 한 인간을 희생시킨 것이다. 인간이 다른 사람을 불태워서 자기 신앙을 고백할 수는 없다. 단지 신앙을 위해 불에 타 죽음으로써 자기 신앙을 고백하는 것이다"라고 말하며 이렇게 일갈한다.[28]

스스로 기독교도라고 고백하는 사람들이 불과 물로써 살해당하고 살인자와 도둑보다 더욱 잔인한 취급을 받는데, 오늘날 누가 기독교도가 되려 하겠는가.…오늘날 어떤 사람—그는 불꽃 한가운데서도 자기가 그리스도를 믿는다고 큰소리로 고백했다—이 권력과 폭력을 움켜쥔 사람들과 어떤 작은 의견 차이를 보였다는 이유로 그리스도의 이름으로 산 채로 불태워진다면, 누가 그리스도에게 봉사하려 들겠는가?[29]

카스텔리오는 종교적인 차원에서 문제를 제기한 뒤에 한 발 더 나아간다. 표현의 자유와 관용에 대해 말하는 것이다. 그는 "이단자가 무엇인

---

27 슈테판 츠바이크, 안인희 역, 『다른 의견을 가질 권리』(바오, 2009), 178-179.
28 같은 책, 227.
29 같은 책, 202-203.

가 하는 문제를 생각해보면, 나는 우리 의견과 일치하지 않는 생각을 가진 모든 사람들을 우리가 이단자라 부른다는 사실을 발견하게 된다"며 이렇게 말한다.[30]

사람들은 자기 자신의 생각에 대해, 혹은 자신의 생각이 옳다는 생각에 대해 너무나도 뚜렷한 확신을 가진 나머지 오만하게 다른 사람을 멸시하기에 이르렀다. 이러한 오만에서 잔인함과 박해가 나온다. 오늘날에는 거의 사람 수만큼이나 다양한 견해가 있건만, 다른 사람이 자신과 견해가 같지 않다면 조금도 참으려 하지 않는다. 그런데 다른 분파가 틀렸다고 하면서 혼자 지배하려고 들지 않는 분파는 하나도 없다. 그래서 추방, 망명, 감금, 화형, 교수형 등 온갖 처형과 고문이 날마다 행해지고 있다. 오직 높으신 분들의 마음에 들지 않는 의견을 가졌다는 이유로, 때로는 어떤 특별한 이유도 없이 그런 일들이 행해진다.[31]

16세기에 카스텔리오가 한 이 말은 지금 우리 사회에도 그대로 통용된다. 나만 옳다는 생각을 가진 높으신 분들의 마음에 들지 않는다는 이유만으로 '다른 의견'은 묵살당하고 무시당한다. 다른 의견을 제기하는

---

30 같은 책, 198.
31 같은 책, 199-200.

이는 박해당하고 때로는 매장된다. 절대적으로 흠집이 나면 안 되는 누군가를 위해 끊임없는 조작이 일어난다. 카스텔리오 역시 칼뱅에 맞선 '죄'로 책 출간을 금지당하고, 갖가지 핍박에 시달렸다. 아마 본격적인 박해가 시작되기 전에 숨을 거두지 않았다면 그도 세르베투스와 같은 종말을 맞았을지 모른다.

그렇다면 과연 이런 우상이 큰 힘을 발휘하는 사회에서, 우상이 지배하는 사회에서 우리가 해야 할 일은 무엇일까? 카스텔리오는 슈테판 츠바이크에 의해 재발견되었다. 우연히 카스텔리오에 대해 알게 된 츠바이크는, 히틀러가 독일에서 파시즘 체제를 공고히 하던 1930년대 중반 무렵에 『다른 의견을 가질 권리』를 출간했다. 그는 16세기 제네바와 20세기 독일의 유사점을 발견했다. 당시는 다른 의견을 허용하지 않는 절대 독재의 시대요, 우상이 지배하던 시대였다. 파시즘 체제에 환멸을 품고, 자유롭고 독립적인 인간이 되고자 했으며, 르네상스 시대의 인문주의자들에게 깊은 애정을 가졌던 슈테판 츠바이크에게 카스텔리오의 저작은 의미 깊게 다가왔을 터이다.

츠바이크는 카스텔리오로부터 절대 권력에 맞서는 인간의 모습을 발견했다. 그래서 그는 "참되고 옳은 것이 마침내 정당성을 갖기까지 이를 거듭 말하는 일이 절대적으로 필요하다"는 카스텔리오의 말을 인용한 뒤 이렇게 말한다.

폭력행위는 시대마다 다른 형태로 나타나므로, 폭력에 저항하는 싸움도 언제나 새롭게 나타날 수밖에 없다. 그들은 절대로, 지금은 폭력이 너무나 강하므로 폭력에 말로써 대항해도 아무 소용이 없다는 핑계 뒤로 숨어서는 안 된다. 필연적인 일이 지나치게 자주 이야기되는 법이 없고, 진실이 헛된 경우도 없기 때문이다. 비록 말이 승리를 거두지 못한다 해도, 그것은 그 말의 영원한 존재를 입증하는 것이다. 그런 순간에 진실을 위해 있는 힘을 다하는 사람은, 어떠한 테러도 자유로운 영혼에 대해서는 힘을 쓰지 못한다는 사실을 입증한 것이다. 그리고 가장 비인간적인 세기에도 인간성의 목소리를 위한 자리가 있다는 사실도 입증하는 것이다.[32]

'다른 의견'은 우상에 균열을 일으킨다. 비록 그 균열이 현재 살고 있는 시대에는 잘 보이지 않을지언정 끊임없이 우상에 의문을 품고, 자기 목소리를 내다 보면 하나의 틈에 불과했던 균열이 점점 커지게 될 것이다. 그런 의문을 품은 자들이 많을수록, 또 그런 움직임이 오래 지속될수록 균열이 더 크게 벌어지는 데까지 걸리는 시간이 단축될 것이다. 우상을 파괴하는 일, 그것은 결국 '왜'라는 질문과, 거기서 분출돼 나오는 '다른 의견'에서 시작될 터이다.

그러나 현실은 녹록치 않다. '다른 의견'을 가지는 것은 '권리'라기보

---

32 같은 책, 204-205.

다는 '튀는 행동'으로밖에 여겨지지 않는다. 어릴 때부터 우리는 그렇게 교육을 받았다. 순응하고 순종하는 게 미덕이고, 권위에 복종하는 게 '옳은 것'이라고 배웠다. 시대가 변해도 교육 현장은 쉽게 변하지 않았고, 학창시절 모범생이라 불리던 이들이 지배 엘리트가 되는 상황에서, 우리의 교육체제는 계속 정당성을 획득했다. 그사이 저항은 사라졌고, 저항이 사라진 공간에서 자유로운 인간도 사라져갔다. 우상은 이미 우리가 어린 시절부터 받아온 교육을 토대로 자라고 있었다.

7

교육,
체제의 거울

바뀌지 않은 학교

아이가 초등학교에 입학하던 날, 학교 강당에서 조촐한 입학식이 열리는 걸 보고 조금은 안도했다. 가슴에 콧물 닦는 수건을 달고 추운 초봄 날씨에 학교 운동장에 오와 열을 맞춰 입학식을 치렀던 내 어린 시절과는 달라진 듯 보였기 때문이다. 하지만 그 안도감은 한 마디 말 때문에 사라졌다.

"좌우향우!"

6학년 재학생들과 이제 막 학교에 들어온 신입생들을 인사시키기 위해 사회를 보던 선생이 우렁찬 목소리로 내뱉은 이 말이 그렇게 귀에 거슬릴 수가 없었다. 서로 인사하고 나서 다시 "좌우향우"를 외치는 소리가 들렸을 때 같이 갔던 처를 바라보았다. 처 역시 못마땅한 얼굴이었다.

말 한 마디에 너무 민감하게 반응했는지도 모르지만 그 말을 듣고 학교가 우리 때와 크게 바뀌지 않았다고 생각했다. 서로 쳐다보라고 하면 될 것을 좌우향우라니. 또 그런 말을 처음 들었을 1학년 아이들이 눈치를 살피며 6학년생들을 향해 돌아서는 모습을 보니 암담한 기분이 들었다.

군에 입대했을 때 나는 군대가 학교와 크게 다르지 않다는 걸 깨달았다. 체육시간과 교련시간에 하던 행진은 제식훈련이었다. 세상에! 그것을 초등학교 때부터 배워왔던 것이다. 군대에서 행해지던 얼차려도 학교에서 일상적으로 받던 벌이었다. 오히려 학교 생활하면서 받은 벌이 군대보다 강도가 더한 듯했다. 체벌을 가장한 폭력은 또 어떤가? 나름 모범생이던 나조차 학창시절 내내 맞지 않고 무사히 한 학년을 올라간 적이 한 번도 없었다. 그만큼 나와 내 동급생들은 폭력을 자연스러운 일상의 일부로 받아들였다.

다시 입학식 장면으로 돌아가 보자. 교장 선생의 말씀은 길었다. 대화가 아니라 일방적인 연설이었고, 초등학교 1학년생을 대상으로 중국 최대 온라인 쇼핑몰 '알리바바'의 창업자 '마윈'에 대한 얘기를 하고 있었다. 주제는 '성공'이었다. 말투는 부드러웠지만 그 내용은 학부모를 위한 것인지 신입생을 위한 것인지 모호했고, 그런 의미에서 온갖 사자성어와 국가에 대한 충성 등을 강조하던, 내가 학창시절에 듣던 '교장선생님의 훈시말씀'과 별반 다르지 않았다. 한 가지 차이점이라면 운동장에 서 있는 대신 강당에 모여 앉아 들을 수 있었다는 것이다. 그렇게 입학식을 보는 내내 가슴이 답답했다. 왜 학교는 내 아이가 입학할 때까지도 내가 입학할 때와 크게 달라지지 않았을까? 그 사이에 무려 30여 년의 편차가 있음에도 말이다. 그날 학교는 쉽게 바뀌지 않는다는 사실을 새삼 깨달았다.

지나고 보면 힘들었던 기억도 추억이 된다고 하지만, 지금도 내게 학창시절은 추억으로 남아 있지 않다. 그때 나는 살아 있되 살아 있지 않은 상태였다. 대학에 들어가고 나서야 숨통이 조금 트였던 것 같다. 그 전에는 엄정한 규율과 그 규율의 집행자인 선생의 '명령'에 따라 행동해야 했다. 내 자율적 의지는 중요치 않았다. 내 의견 역시 마찬가지였다. 선생에게 질문을 하는 것이 허용되지 않는 분위기였다. 행여 수업시간에 모르는 것이 생겨도 질문은 언감생심 꿈도 꾸지 못했다. 질문을 해봐야 돌아오는 건 수업을 잘 듣지 않았다는 면박뿐이었기 때문이다. 선생이 부당한 명령을 해도 무조건 받아들여야 했다. "예"라고 하지 않고 "그게 아닌데요"라는 투로 얘기를 하면 즉각 "어디 선생한테 말대답이냐"는 반응이 돌아왔다. 부당하더라도 우선은 따르고 봐야 했다. 그렇게 순응과 순종, 복종은 학창시절 내내 내면화되어갔다.

언어폭력과 체벌로 위장된 폭력이 학교를 감싸고 있었다. 내가 아니더라도 누군가가 수업시간에 매를 맞는 일이 다반사였고, 워낙 그런 일이 잦다 보니 폭력이 웃음거리가 되기도 했다. 때리는 선생이 장난하듯이 매를 들면 맞는 당사자를 제외한 나머지 아이들이 낄낄대는 식이었다. 폭력이 가해지더라도 그 대상이 나만 아니면 괜찮다는 의식은 그때부터 생겨났다. 나만 아니면 된다는, 나만 안 맞으면 된다는 그런 생각이 교실 안에 가득했다.

당시에도 교실에는 서열과 서열에 따른 차별이 있었다. 선생이 학생들 사이의 서열 나누기를 조장했고, 아이들은 서열대로 차별받는 것을 당연하게 받아들였다. 누군가를 평가할 때 우선이 되는 기준은 학업 성적이었고, 이는 부모가 자녀의 친구를 평가할 때도 마찬가지였다. 공부 못하는 아이들은 무시당했고, 공부 잘하는 아이는 그것을 당연시했다.

나만 그랬을까? 모르긴 몰라도 나와 비슷한 연배의 사람들은 모두 비슷한 경험을 했을 것이다. 그것이 내 어릴 적 학교였고, 선생이었다. 문제는 교육 현장이 그때와 별반 달라지지 않았다는, 아니 오히려 그때보다 상황이 더 악화됐다는 것이다. 시대가 달라졌지만 우리 교육은 여전히 전근대를 헤매고 있는지도 모른다.

사회를 꼭 닮은 교육

모든 교육과 발달은 자기가 남들보다 절대적으로 우월하다는 확신을 학생에게 주는 것을 목표로 삼아야 한다.[1]

우리 교육의 현실이 이 말과 별반 다르지 않다는 사실을 부정할 수 있는 사람이 몇이나 될까? 표면상 목표로 삼지는 않지만 교육구조상 시험을 치면 자동으로 반 석차와 학년 석차, 전국 석차까지 매겨진다. 학교별 석차도 나오고 1등부터 꼴찌까지 석차별로 줄을 세운다. 이 줄은 서

1 　에리히 프롬, 김석희 역, 『자유로부터의 도피』(휴머니스트, 2012), 232.

열이 되고, 그 서열에 따라 누군가는 우월감을 갖고, 누군가는 절망에 휩싸인다. 우월감을 느끼는 아이들은 챙길지언정 절망에 휩싸인 아이들은 등한시한다. 그렇게 우리 교육은 소수에게 자신이 남들보다 우월하다는 확신을 심어주고 있다.

잘못했을 때 잠자코 꾸중을 듣는 것을 배워야 할 뿐만 아니라, 필요하다면 부당한 처사까지도 말없이 참고 견디는 법을 배워야 한다.[2]

이 말도 부정하기 힘들다. 우리는 그렇게 배워왔다. 반항과 저항은 용납되지 않았고, 어른들 역시 삶을 짓누르는 온갖 부당함을 참았다. 지금 우리 역시 나보다 힘센 사람의 말에 고개를 끄덕거렸고, 끄덕거리고 있다. 하고 싶은 말이 있어도, 목구멍에 하고 싶은 말이 체한 듯 걸려 있어도 하지 말아야 했다. 학교에서 부당한 처사에 저항해 하고 싶은 말을 성대를 거쳐 발화하는 순간 폭력을 통한 앙갚음이 돌아왔고, 선생에게 '찍혔다.'

앞서 인용한 두 말은 모두 히틀러가 한 말이다. 히틀러의 교육관이 이랬다. 누군가를 지배하는 데 큰 관심을 가지고 있던 그는 힘에 대한 숭배와 힘에 의한 지배를 교육에 투영했다.

---

2 같은 책, 240.

나치는 어린아이들의 마음을 끄는 것이 무엇인지 잘 알고 있었다. 제복, 깃발, 밴드, 배지, 무기, 영웅담 같은 것들이었다. 이런 것들을 나치는 양껏 제공했다. 그들은 히틀러 청소년단을 군대와 완전히 똑같은 편성으로 조직했다. 소년들은 '소년' 계급에서 분대장, 소대장, 중대장, 대대장을 거쳐 연대장까지도 올라갈 수 있었다. 소녀들은 '소녀' 계급에서 시작해 독일소녀동맹의 지도자로 올라갈 수 있었다. 하지만 히틀러 청소년단은 독창성이나 개인주의는 참지 못했다. 군사 훈련과 행진을 통해 히틀러 청소년단은 획일적으로 사고하고 행동하는 것을 배웠다. 가장 중요한 것은 무슨 일이 있어도 지도자에게 복종하는 법을 배웠다는 것이다. 나치는 이 철학을 '리더십 원칙'이라 불렀고 이는 상급자들에 대한 절대적 복종을 요구하는 것이었다.[3]

우리 역시 이런 지침을 강제하는 교육에서 자유롭지 못하다. 상급자에 대한 절대적 복종, 군대와 같은 조직 편성은 우리 사회에서도 박정희와 전두환 정권까지 이뤄졌던 일이다. 대학 때까지 교련수업을 받았고, 고등학교에는 연대장이 있었다. 개인의 독창성이나 개인주의는 받아들여지지 않았고, 오로지 단일 이데올로기로의 '통일'과 획일적 사고를 강요받았다. 교련이 없어진 지금도 이 획일적 사고는 여전히 살아 있다. 무한경쟁과 성적에 따른 서열 나누기는 더 심화되었다. 부모의 경제적·사

---

3 수전 캠벨 바톨레티, 손정숙 역, 『히틀러의 아이들』(지식의풍경, 2008), 36.

회적 자본이 자식의 서열에 그대로 반영되고, 초등학교 때부터 서열대로 차별대우받는 것이 당연하게 받아들여진다. 이런 차별의식은 성인이 된 뒤에도 우리의 일상을 지배한다.

교육은 이 사회의, 체제의, 지배 이데올로기의 거울이다. 교육 때문에 우리 사회가 이렇게 되었다고 할 수는 없지만, 거꾸로 우리 사회의 모습이 교육 현장에 투영되었다고는 할 수 있다. 에리히 프롬은 "교육의 사회적 기능은 개인이 나중에 사회에서 맡은 역할을 제대로 해내도록 필요한 지식과 기술 따위의 자질을 부여하는 것이다. 즉 그의 성격이 사회적 성격과 비슷해져서 그의 소망이 그의 사회적 역할에 필요한 것과 일치하도록 그의 성격을 형성하는 일이다"라며, "교육 방법은 사회적 요구를 개인적 자질로 변형시키는 수단이라고 생각할 수 있다. 교육 기법은 특정한 사회적 성격을 낳는 원인은 아니지만, 성격을 형성하는 메커니즘과 하나를 이룬다. 이런 의미에서 교육 방법에 대한 지식과 이해는 기능을 발휘하는 사회에 대한 총체적 분석의 중요한 일부다"라고 말한다.[4]

프롬의 말처럼 교육에 대한 분석은 곧 이 사회에 대한 분석이 된다. 앞 장에서 살펴본 것처럼 우리 사회는 갖가지 우상의 지배를 받고 있다. 그 우상의 진면목을 가장 먼저 확인할 수 있는 곳이 교육 현장이고, 교육 방법이다.

---

4 에리히 프롬, 김석희 역, 『자유로부터의 도피』(휴머니스트, 2012), 293.

영국 스코틀랜드의 초등학생 마사 페인은 2012년 5월 자신의 블로그에 학교급식 사진을 올리기 시작한다. 스스로 평가지표를 만들어 급식의 질을 평가했다. 한 달 남짓 지난 어느 날 마사는 수업 중에 교무실로 불려간다. 그리고 '학교 급식 사진을 더 찍어서는 안 된다'는 방침을 통보받는다. 마사는 다음날 '이제 안녕'(goodbye)이라는 글로 이 사실을 알렸다. 그 글은 인터넷 여론에 기름을 부었다. 주요 신문과 방송에서 이 사건을 다루기 시작했다. 금지 결정을 내린 당국은 여론의 뭇매를 맞았다.…마사 페인은 행복한 결말을 맞았다. 당국은 언론의 자유를 허용한다는 방침을 다시 밝혔다. 돈이 모여들어 굶주린 아프리카의 어린이들을 위해 기부하기까지 했다. 그 모든 것을 가능하게 했던 것은 외견상 블로그와 소셜미디어처럼 보이지만, 그렇지 않다. 자신의 시간과 돈을 들여 초등학생 소녀의 이야기할 자유를 지켜준 이들이 그것을 가능하게 했다. 그들이 바로 주인이다.[5]

이 칼럼을 읽고 나는 부러움을 느꼈다. 초등학생이 급식 사진을 찍어 자기 나름대로 평가할 수 있다는 점이 부러웠고, 어린아이의 표현의 자유를 지키기 위해 언론이 나서고 인터넷 여론까지 하나 되었다는 사실도

---

5 이원재, "주인이 된다는 것", 「한겨레」, 2013년 12월 4일, 35면.

부러웠다. 초등학생도 아무런 제약 없이 자신의 이야기를 할 수 있고, 아이가 원하는 주제에 대해 마음껏 이야기할 수 있도록 사회가 자유를 지켜줬다니! 이 사회에서는 거의 불가능에 가까운 일임을 알고 있기에 부러움이 더 컸다. 아니 오히려 초등학생이 '공부'가 아닌 '학교 급식'에 관심을 가질 수 있고, 그것을 '쓸데없는 일'이라고 치부하지 않는 사회 분위기가 더 부러웠는지도 모른다.

청소년들이 자신들이 배우게 될 역사교과서 국정화에 반대하며 집회에서 의견을 개진하면 배후세력이 있다고 음해하는 게 우리 사회다. 힘있는 어른들의 결정으로 입시제도가 수시로 바뀌어도 당사자는 아무런 얘기도 못하는 게 우리 사회다. '공부' 외의 것에 조금이라도 관심을 가질라치면 부모를 비롯한 어른들로부터 제재를 당한다. 아이들은 입이 있어도 말할 수 없는 존재고, 말할 기회조차 얻지 못한다. 학교의 주인이 학생이라고 누구이 얘기하지만 그 말은 절대 사실이 아니다. 학생은 교육방침과 교육방법에 저항할 수 없다. 학생들에게는 머리를 기를 자유도, 옷을 마음대로 입을 자유도 허용되지 않는다. 학교에서 인권은 학교 내부의 규정보다 하위에 있는 개념일 뿐이다.

버트런드 러셀은 "(윤리)규범이 좋은가 나쁜가 하는 문제는 그것이 인간의 행복을 증진시키느냐 않느냐 하는 문제와 같다"고 말했다.[6] 또

---

6 버트런드 러셀, 이재황 역, "우리의 성(性) 도덕", 『종교는 필요한가』(*Why I am Not a*

"우리가 적극적으로 해야 할 일은, 도덕률이면 무엇이든지 누구나 다 지키는 것은 아니라는 것을 명심은 하면서도 어떤 도덕률이 가장 인간의 행복을 증진하게 될 것인가를 자문(自問)하는 일이다"라고도 했다.[7] 인간의 행복을 규율보다 우선으로 둬야 한다는 것이다. 그러나 현실은 그렇지 않다. 법이나 규율, 규범, 윤리는 그 자체로 엄청난 힘을 갖는다. 특히 아이들은 이를 반드시 지켜야 한다고 교육받는다. 어른들은 고무줄처럼 오락가락하는 잣대를 들이대며 법과 규율을 농락하는데도 말이다.

규율을 정할 때 그것이 아이들의 행복을 증진시키는지는 고려 대상이 아니다. 오로지 어른들의 잣대로 아이들의 행동을 제한하는 게 규율의 실체다. 여자고등학교 기숙사에서 전열기 사용을 금지해 머리를 감고도 헤어드라이기로 말리지 못해 한겨울에 감기에 걸리는 아이들이 속출하고, 기숙사 배정도 등교 거리순이 아닌 성적순으로 이루어진다. 성적에 따라 급식받는 순서가 달라지고, 심지어는 먹는 음식도 달라진다. 교실까지 채 1분 거리도 되지 않는 기숙사의 기상 시간이 오전 6시여서 아이들은 5시간 정도밖에 잠을 못 잔다. 규율이 엄격하다고 하는 군대보다 수면시간이 짧은 것이다. 기숙사 거주 중 성적이 떨어지거나 학교에서 운영하는 방과 후 프로그램에 참여하지 않으면 강제 퇴거시키고, 한 명

Christian, 범우사, 1987), 156.

7   같은 책, 162.

이라도 기숙사 규정을 어기면 '단체기합'을 받는다.[8]

국기에 대한 경례 중 더위를 식히려고 손바람을 내자 국기와 조국에 대한 불손한 행위를 한 경우 벌점 5점을 부여한다는 학칙에 따라 벌점을 주고, 이성교제를 풍기문란으로 규정해 적발될 시 벌점을 부여한다. 일부 학생의 풍기문란을 이유로 야간자율학습 중 쉬는 시간을 20분에서 10분으로 줄이고, 두발 지도에 불응하면 심한 경우 퇴학까지 시킨다. "점심 때 체육복을 입거나, 화장을 조금이라도 했거나, 치마가 좀 짧으면 밥을 못 먹게" 하는 학교도 있다.[9]

겨울이라 해도 교복 위에 외투 입는 것을 금지하는 학칙에 따라 외투를 입었다가 적발되면 해당 학생은 벌점을 받고 옷은 폐기처분된다. 생활담당 지도교사는 버젓이 "(외투 입었다가 걸리면) 폐기처분할 거니까 눈에 띄기만 해라"라고 경고하고, 한 명이라도 외투를 입은 모습이 보이면 모든 학생이 단체기합을 받는다. 그런 이유로 단체기합을 받은 학생의 말이다. "우리 학교는 한 명이 외투를 입었다가 걸리면 전체 학생이 단체기합을 받는다. 영문도 모르고 체벌을 받다 보면 아무거나 때려 부숴버리고 싶은 기분이 든다." 또 다른 학생은 "학교 복장 규정상 교복 재

---

8 김민정, "성적순 선발·군대 수준 규율…씁쓸한 중·고교 기숙사", 「한국일보」, 2015년 12월 29일(인터넷판).
9 전국종합, "한겨울에도 외투 못 입고 치마 짧으면 급식 안 주고…", 「연합뉴스」, 2016년 1월 8일.

킷을 입고 패딩을 입어야 하는데 불편해서 카디건만 입고 겉에 패딩을 입었다가 선생님께 패딩을 뺏겼다. 눈이 펑펑 오는 날 카디건만 입고 집에 오는데 왜 이런 취급을 받고 학교에 다녀야 하나 하는 생각이 들었다"고 말했다. 그러나 단속을 하는 교사는 "학생은 학생다워야 한다는 취지에서 교복을 입는 건데 외투를 입기 시작하면 멋 부리는 데에만 신경 쓰지 않겠나. 교풍을 지켜가기 위한 것"이라거나 "우리 학교는 검은 패딩만 허용한다. 패딩이 유행하면서 수십만 원짜리 패딩을 입는 아이들이 생기고 위화감을 조성하고 있다"고 말한다.[10]

정말이지 웃기는 얘기다. 위화감을 조성하는 데는 성적순으로 학생을 차별하는 것만큼 효과적인 게 없다. 급식 순서를 바꾸는 것만큼 위화감을 조성하는 게 있을까? 또 학생은 학생다워야 한다는 논리는, 인간은 인간다워야 한다는 말로 간단히 배척할 수 있다. 그리고 학생은 멋 부리는 데 신경 쓰면 안 되나? 교사들의 말은 학교에서의 인권 침해를 손바닥으로 가리고자 하는 궁여지책밖에 안 된다.

이 모든 게 명백한 인권 침해다. 학생들의 행복 따위는 전혀 고려하지 않을 뿐만 아니라 성적을 더 올리기 위해 아이들의 자존심을 깎아내고, 인간으로서의 자존감에 상처를 주는 규정이다. 문제는 이런 학교가

---

10   엄지원, "추워죽겠는데 학교에선 패딩 입지 말래요", 「한겨레」, 2015년 12월 31일(인터넷판).

상당수에 이를 뿐만 아니라 교사와 학부모들, 학생들마저 이를 당연하게 받아들인다는 것이다. 아무런 문제의식 없이, 아니 오히려 성적을 올리는 데 효과가 있다는 증명되지도 않은 명분을 달고 오랜 관행으로 굳어진 폭력을 암묵적으로 장려하면서 말이다. 보수적인 교원단체 등은 학생들을 교육하는 기관인 학교의 특수성을 고려해야 한다고 하지만, 과연 그 특수성이 인권 침해까지 아우를 수 있는 것인지는 의문이다. 병영 사회나 독재 사회가 아니라 민주주의 사회라면 학교 역시 민주주의를 따라야 하지 않을까? 학생들이 나중에 커서 민주적 바탕이 되는 시민이 될 거라면 더더욱 학교에서부터 민주적 가치를 가르쳐야 하지 않겠나?

그러나 학교에서는 학칙이 인권보다, 민주주의보다 우선한다. 학생의 인권은 좋은 대학에 가야 한다는 그 한 가지 목적 하에 깡그리 무시된다. 학생의 행복 따위는 전혀 고려되지 않는다. 지금 자유와 인권을 보류하는 만큼 좋은 대학에 갈 여지가 더 많다는 기이한 논리가 학교를 지배한다. 그사이 학생들은 노는 것에 대해, 이성교제를 포함한 공부 외의 모든 행동에 대해 죄책감을 느끼고 스스로의 자존감을 갉아먹는다. 특히 성적이 상위권에 들지 않는 학생들이 느끼는 박탈감은 상상을 초월한다.

이런 교육 풍토에서 어린이와 청소년의 인권은 메말라가고, 부당한 인권 침해에도 저항할 수 없는 분위기가 뿌리 깊게 자리 잡는다. 학교에서 학생들의 인권은 금기시되는 주제다. 학교 내에서뿐만 아니라 사회에서도 마찬가지다. 마사 페인처럼 표현의 자유를 보장받기는커녕, 또 표현의 자유를 지키기 위해 사회가 나서기는커녕 우리 아이들은 오늘도 기본적인 인권조차 보장받지 못한 채, 어디 하소연할 데도 없이 학교에 다닌다. 자유와 인권을 보류당한 채 말이다.

저항이 불가능한 학교

다시 말하지만 학교는 인권의 사각지대다. 이 나라의 교육 체제가, 교사가, 부모가 그것을 암묵적으로 승인하고 장려한다. 학년이 올라갈수록 더하고, 아이들은 인권은 물론이고, 민주주의 사회에서 살아가기 위해 필요한 '자유'와 '민주'의 개념조차 몸으로 체득하지 못한다. 그렇게 이 땅의 민주주의 사회는 그 뿌리부터 흔들린다.

학교에서 민주주의가 체득되지 못했다는 가장 흔한 증거가 아이들이 권위에 저항하지 못한다는 것이다. 학교에서는 선생의 말에 고분고분하게 "예"라고 답하는 아이를 추어올린다. 저항은 금기다. 저항은 못된 아이들만 하는 행위다. 하지 말아야 할, 해서는 안 될 게 저항이다. 선생'님' 말에 토를 달아서도 안 되고, 학칙을 위배해서도 안 된다. 그때 돌아오는 건 벌점과 체벌뿐이다. 저항의 싹은 그때부터 싹둑 잘려나간다.

아무런 저항도 없이

세상 모든 걸

있는 그대로 받아들인다는 것은

얼마나 놀라운 일인가

그런데,

우린 그렇게 배웠다

그게 긍정적인 인간이란다.[11]

　　　　_「교육」

　정태춘은 시집 『노독일처』(老獨一處)에서 교육에 대해 이렇게 말한다.
정태춘의 말처럼 과거에도, 지금도 학생들은 세상 모든 걸 아무런 저항
없이 받아들이는 법을 배우고 있다. 긍정적인 인간이 돼야 한다는 명목으
로 말이다.

　사실 '저항'이란 학교에서 흔히 볼 수 없는 단어다. '반항'이란 말은
그나마 좀 쓰이는 편이다. 그런데 '반항'과 '저항'은 그 사전적 의미에서
부터 학생을 부당한 위치에 서게 한다. 사전에 따르면 반항은 '(부모나 손
윗사람, 또는 권력이나 권위 등에) 순순히 따르지 않고 맞서거나 대듦'을

11　정태춘, 『노독일처』(실천문학사, 2004), 107.

뜻한다. "어른에게 반항하다"라는 표현이 그 예시다.[12] 이와 달리 저항의 사전적 의미는 '(어떤 힘·권위 따위에) 맞서거나 버팀'이다. "저항 세력"이란 표현이 그 예다.[13] 반항은 '대듦'의 의미가 강하고, 저항은 '맞섬'의 의미가 강하다. 반항이란 말은 나이 어린 사람의 대듦에 초점을 맞추고 있다.

나는 반항에 이런 뜻이 숨어 있다고 생각한다. "나이 어린 사람은 반항을 해서는 안 되는데, 그 이유는 어린이란 말의 기원—어리석은 인간—처럼 아이는 교육시키고, 키워내야 하는, 정신적으로 미성숙한 사람이기 때문이다." 아이들의 저항에 반항이라는 말을 붙이는 순간부터 아이들은 '미성숙하니 반드시 교육해야 할 대상'으로 전락한다.

어린이와 청소년은 교육과 양육의 대상이자 선도의 대상이다. 청소년과 관련한 문제가 불거질 때마다 의견 차이가 좁혀지지 않는 것은 어린이와 청소년을 '어린 시민'으로 보느냐 '선도해야 할 미성숙한 인간'으로 보느냐 하는 시각 차이가 존재하기 때문이다. 아이들은 그동안 우리 사회에서 '어린 시민'으로 여겨지지 않았다. '시민'의 개념이 희박해 그런 것일 수도 있겠지만 기본적으로 아이들을 미성숙한 존재로 규정했기 때문이다. 그래서 사람들은 아이들 스스로 인권을 주장하거나, 일부 진보적인 교육감이 학생인권조례를 제정하는 걸 보고 낯섦을 넘어 뜨악해하

---

12 이기문 감수, 『동아새국어사전 제5판』(두산동아, 2011), 929.
13 같은 책, 2013.

며 '무엄'이란 단어를 떠올리는 것이다.

아이들을 미성숙한 존재로만 보는 한 아이들의 저항은 반항에 그칠 수밖에 없다. 문제는 아이들이 그런 반항조차 하지 못하는 상태란 것이다. 목수정의 말을 들어보자.

서래마을의 프랑스학교에서 교사를 했던 내 친구 올리비에는 한국 아이들의 꽉 짜인 시간표를 보고 경악을 금치 못했다. 아침부터 밤늦게까지 꽉 짜인 시간. 잠시 틈이 나면 그 아이들이 전자오락이나 TV에 자신을 내던지는 것이 너무 당연하다는 반응이다. 우리의 아이들은 자기만의 시간을 창조적으로 운용하는 걸 배우지 못한다. 이 상황을 좀 더 비약해보면, 이들은 커서도 자신들을 조정하고 지시해줄 누군가가 필요할지 모른다. 독재자는 그렇게 탄생한다. 박정희 시대를 그리워하고 불도저식 통치를 천명하는 이명박 대통령에게 지지를 보냈던 젊은이들의 성향에 그런 배경이 있는 것은 아닐까.[14]

나는 이 말이 비약이라 생각지 않는다. 눈 옆을 가리고 고삐를 잡은 기수의 명령대로 질주하는 경주마와 뭐가 다른가. 생각과 사유, 성찰과 사색은 아이들에게서 거세된다. 부모와 교사는 아이들이 잠시라도 멍 때리고 있는 걸 지켜보지 못한다. 뭐라도 하고 있어야 한다. 공부를 하지

---

14 목수정, 『뼛속까지 자유롭고 치맛속까지 정치적인』(레디앙, 2008), 102-103.

않으면 놀기라도 해야 한다. 놀 때조차 열심히 놀아야 한다고 말한다. 이 사회가 효율과 능력, 효과를 중요시하고, 노동 그 자체보다는 생산물과 그로 인해 벌어들이는 자본의 가치를 더 귀하게 여기기 때문에 그렇다. 그렇게 우리 아이들은 저항조차 하지 못한 채 고삐에 매여 있다. 그리고 그런 교육을 받고 자란 우리도 '저항'하지 못한 채 살아간다.

폭력의 현장

학교 현장에서 아이들은 차마 '저항'은 하지 못하고 그동안 쌓아온 울분을 폭력의 형태로 분출한다. 그 폭력은 다른 학생은 물론이고 심지어는 교사에게도 행해지는데 여기서 중요한 것이 학교 내의 독특한 위계질서, 즉 서열이다. 공부를 잘하거나 집이 부자거나 학교에서의 발언권이 센 부모를 둔 아이들이 상위 서열을 차지한다. 그래서 엄기호는 현재의 학교 폭력은 "위계에 따른 신분적 폭력"이라며 "학교 자체가 맨 아래층에 있는 '왕따'부터 맨 위의 '관리자'에 이르기까지 성별, 나이, 경제 등에 따라 위계화되어 있"고 바로 그 위계 속에서 폭력이 발생한다고 말한다.[15]

---

15 엄기호, 『교사도 학교가 두렵다』(따비, 2013), 74.

또 그는 "학교 내에서의 서열화가 단지 교사와 학생 사이, 혹은 학생들 간의 문제가 아니라 각각이 학교 내에서 가진 자원에 따라 교사와 학생 사이를 가로지르며 복잡하게 위계화되어 있다"며 "일진의 경우에는 폭력 서열에서 여교사보다 더 높으며, 집이 잘 살고 공부도 잘하는 학생의 경우에는 평교사보다 더 서열이 높고 큰 위세를 가지고 있다"고 분석한다.[16]

문제는 교사들이 이런 아이들을, 또 학교 내의 서열 구조를 방관한다는 것이고, 이들이 지금의 현실을 그저 방관할 수밖에 없게 만드는 구조가 학교 내에 존재한다는 것이다. 부모의 사회적 서열이 아이의 학교 내 서열로 이어지고, 부유층 자제들은 부모의 경제적 풍요 덕분에 사교육을 많이 받아 성적까지 상위권이다 보니 아무도 건드릴 수 없는 존재가 된다.

교사들도 왕따를 주도하는 학생들을 건드리지 않는다. 공부도 잘하고 인정받기 때문이다. 이들은 단지 학생들 사이에서만이 아니라 학교 전체에서 주류가 되어 교사도 우습게 알고 깔보는 경우가 많지만, 그들의 부모가 가진 힘 때문에 교사들도 그냥 눈감는 경우가 많다. 최 교사는 자신이 근무하는 학교에서는 교사들이 이런 학생들을 "엘리트 싸가지"라고 부른다고 했다. 최 교사와 다른 교사들의 말을 종합하면 이런 학생들은 사교육을 많이

---

16 같은 책, 78-79.

받으면서 학교 수업은 "우습고", 교사들의 수준은 "같잖고", 수업은 내신 때문에 받지만 "거추장스럽고 귀찮기만" 하다. 또 이를 노골적으로 표시하기 때문에 교사들이 자존심이 많이 상하지만, "서울대 갈 아이", "학교를 빛낼 아이"라서 학교 전체가 보호하기 때문에 교사들도 어쩌지 못하는 경우가 많다고 한다.[17]

폭력은 때로 학생들이 받는 어마어마한 스트레스에서 기인하기도 한다. 성적이 떨어졌을 때 소위 '모범생'이라 불리는 아이가 교사를 폭력적으로 대하는 일이 발생하기도 하고, 학생들은 교사의 사소한 지적에도 발끈한다. 학생이 교사를 폭행하거나 교사가 자는 학생을 깨울 때 쌍욕을 듣게 되는 경우도 생긴다. 엄기호는 학생들이 폭력적 성향을 내비치는 이유 중 하나가 이들에게 쉴 틈이 전혀 없기 때문이라고 말한다. 물론 그 폭력의 대상은 자기보다 서열이 낮은 만만한 상대다.

학생들의 삶에 틈이 없다. 학생들은 너무 바쁘고 지쳐 있다. 거의 모든 학생이 자기가 왜 여기에 와서 하루 종일 앉아 있어야 하는지도 모르고 있다. 학교에 와야 할 내적인 동기가 없다. 하고 싶지도 않고, 왜 해야 하는지도 모르는 상태에서 아침부터 밤늦게까지 학교에 붙들려 있으니 "그야말로

---

17 같은 책, 79.

스트레스가 꽉꽉 차 있는 상황"이라고 신 교사는 말한다. 그러니 종이 치고 교사가 들어오더라도 일어나고 싶지 않은 것이 당연하다. 학생은 학교에 와준 것만으로도 자기가 할 바를 다했다고 생각하는데 '만만한' 교사가 건드리니 폭발해버린 것이다. 학생들이 일상에서 받는 스트레스와 분노는 대부분 정당한 통로로 표출되기보다는 옆에 있는 약자들에게 폭발하는 경향이 크다. 신 교사는 자신의 수업이 붕괴되지 않은 이유가 학생들이 자기를 무서운 교사로 알고 있기 때문이라고 말했다. 학생들도 만만한 교사를 건드리지, 무섭거나 권력을 가지고 있는 교사에게는 대들지 않는다. 교사와 학생이라는 이분법적 권력 관계로 학교 폭력의 문제가 해명되지 않는 것이 바로 이런 이유에서다.[18]

대학 진학을 위해 입시에 목을 매는 아이들도, 입시경쟁에서 이미 밀려나 왜 학교에 오는지조차 모르는 채로 교실에 앉아 있는 아이들도 지쳐 있기는 마찬가지다. 이들은 자기가 왜 공부를 해야 하는지, 왜 교실에 온종일 앉아 있어야 하는지조차 모른다. 교육이 입시에만 편중되어 있기 때문이다. 교육의 목적이 오로지 그것 하나뿐이기 때문에 그 목적에서 멀어져 도태된 이들은 학교에서 얻을 게 없다. 또 입시에 몰두해 있는 아이들은 그 나름대로 쉴 틈이 없어 힘이 든다. 그래서 쌓인 스트레스가 폭

---

18 엄기호, 『교사도 학교가 두렵다』(따비, 2013), 89.

력으로 분출되는 것이다. 그렇게 학교는 언제 터질지 모르는 화산 속 마그마처럼 부글부글 끓고 있는 폭력의 현장이 되었다.

입시전쟁에서 도태된 아이들은 한편에서 무력감과 무기력에 길들여진다. 공부를 잘 하냐 못하냐는 기준으로 학생을 평가하다 보니 공부를 못하는 아이들은 아예 '논외'로 치부된다. 이들은 교육현장에서 소외된 채 이유도 모르고 그냥 멍하니 앉아 있을 뿐이다. 문제는 학교 폭력이 화두로 떠오르면서 아이들이 '교육의 대상'이 아닌 '관리의 대상'이 되고 말았다는 점이다. 교사 역시 가르치는 사람으로서의 역할보다는 '관리자'로서의 역할을 강요받고 있다. 엄기호는 그 결과 학교가 '수용소'로 변했다고 말한다.

안전은 경쟁과 더불어 학교를 통치하는 또 다른 원리가 되었다. 교장, 교감과 같은 관리자들의 가장 큰 소망은 학생들이 사회를 위해 희생하는 '훌륭한 사람'으로 성장하는 것이 아니다. 영재학교나 몇몇 특수한 학교를 제외하고는 '시장이 원하는 글로벌 인재'를 만드는 것도 교육의 목표에서 멀어졌다. 대다수 평범한 인문계 고등학교에서 관리자들이 바라는 것은 그저 아무 일도 벌어지지 않는 것이다. 선별된 극소수에 대해서는 경쟁에서 살아남아 학교를 빛내기를 바라지만 나머지 대다수의 학생에 대해서는 자신의 임기 동안에 사고를 치지 않는 것, 그것이 가장 중요한 바람이다. 최근 학교 폭력 담론 이후 제기되고 있는 안전에 대한 강박은 노바디(nobody)

들에 대해서 학교를 그저 '육체적 생명'을 돌보는 공간으로 전환시키고 있다. 학생들의 생명을 정치적 생명에서 육체적 생명으로 완전히 축소하여 그들을 사회적·정치적으로 벌거벗은 생명으로 만들고 있다. 학교는 그저 학생들의 육체적 생명을 돌보기만 하는 '수용소'가 된 것이다. 노바디인 학생들을 아무 목적 없이 가둬놓고 그저 죽지만 않으면 무방하다고 생각하는 공간이 바로 학교다.[19]

대부분의 학생이 수용소에 갇힌 포로처럼 감시당하고, 각종 규율에 따라 규제를 받는다. 왜 학교에 있어야 하는지조차 모르는 상태로 그들은 수업시간을 '버티고', 학창시절을 '살아낸다.' '배움'이 '대학입시'에만 매몰된 까닭이다. 모든 배움의 가치가 '입시에 쓸모가 있는가 없는가' 하는 잣대로만 수렴된 결과다. 입시전쟁에서 도태된 이들에게 학교는 명령과 지시, 훈육만 남은 '수용소'에 불과할 뿐이다. 학교는 어쩌면 구성원들의 자유가 보류당하고 인권이 쉽게 무시되는 이 사회와 판박이인지도 모른다.

---

19 엄기호가 말하는 노바디(nobody)는, 로버트 풀러가 『신분의 종말』이라는 책에서 제시한 개념으로, "사회적 신분의 차이에 그 뿌리를 두고 있는 차별"을 지칭하는 '신분주의'(rankism)에 의해 "투명인간 취급을 받으면서 모욕을 당하고, 괄시를 받으며, 착취와 무시에 시달리는 사람"을 칭한다. 이에 비해 "추종과 추앙의 대상"이 되는 사람은 섬바디(somebody)라 불린다. 즉 노바디는 신분사회에서 차별을 당하는 사람이다. 같은 책, 79-80에서 재인용.

체벌은 폭력이다!

서열에 따라 강자가 약자에게 가하는 폭력이 일상화되었을 때 힘을 가지면 언제든 약자를 억압할 수 있다는 인식이 퍼지는 것은 당연한 일이다. 특히 교실에서 최고의 권력자로 인정되는 교사가 폭력을 휘두를 때 폭력은 자연스럽게 정당성을 획득한다.

학교나 가정에서 아이들의 인권이 제일 등한시되는 순간이 체벌을 가장한 폭력에 노출될 때다. 체벌은 폭력이다. 그 어떤 논리를 들이댄들 체벌이 폭력이 아니라는 것을 증명할 수 없다. '사랑의 매'는 그냥 매에 불과할 뿐이다. 그러나 현실에서 체벌은 '사랑의 매'이자 교권 수호를 위한 지팡이의 지위를 획득한다.

과연 그럴까? 금태섭은 절대 그렇지 않다고 말한다. 체벌이 우리 사회를 폭력사회로 만든 주범이며, 체벌이 필요하다고 주장하는 사람은 두 가지 질문에 답해야 한다는 것이다. 첫째는 체벌이 불법인 유럽이나 일본의 아이들은 체벌 없이 교육을 받는데 "왜 우리 청소년들은 매를 들어야만 말을 듣는다고 생각하느냐는 질문"으로, 금태섭은 "체벌을 앞세우는 교육은 무엇보다 학생을 신뢰하지 않는 데서 출발하기에 찬성할 수 없다"고 주장한다.[20]

---

20 금태섭, 『확신의 함정』(한겨레출판, 2011), 79-80.

금태섭은 여기서 한 발 더 나아가 두 번째 질문을 던지며, 체벌 자체도 문제지만 체벌이 동반된 교육이 폭력에 대한 감수성을 무뎌지게 하는 데 더 큰 문제가 있다고 말한다.

두 번째 질문은 때리면서 교육을 하다 보면 은연중에 '올바른 목적을 위해서는 폭력을 사용해도 괜찮다'고 가르치게 되지 않느냐는 것이다. 모든 교사가 체벌을 할 때 사적인 감정은 철저히 배제하고 순전히 교육적인 목적에서 매를 든다고 가정해보자. 체벌의 수단도 상식을 벗어나지 않는 적절한 정도라고 해보자. 선생님들은 개인적 편차 없이 일정한 경우에만 매를 때려서, 학생들도 어떤 짓을 하면 맞게 되는지 예상할 수 있다고 치자. 그런 환경에서 자라난 사람들은 '세상에는 맞을 짓이 있다'는 생각을 갖게 되지 않을까? 동료가 맞는 것을 보면서, '저 녀석은 그런 짓을 했으니까 맞는게 당연해'라고 방관하게 되지 않을까?…하지만 '맞을 짓을 한 놈은 때려도 된다'는 생각만큼 때려서라도(!) 바로잡아야 할 잘못된 생각이 또 있을까? 그리고 매에 내성이 생기는 만큼 폭력에 대한 감수성이 무뎌지는 것은 아닐까?[21]

모든 폭력은 나쁜가? 그렇다. 모든 폭력은 나쁘다. 어떤 논리를 들이

---

21   같은 책, 80-81.

댄들, 정당성을 부여하려 한들 폭력은 인간을 인간답게 살지 못하게 한다는 점에서 나쁘다. 맞아본 사람은 안다. 폭력의 상흔이 얼마나 오래 가는지…. 국가폭력에 의해 고문을 당한 사람들이 그 트라우마에서 벗어나기 위해 얼마나 모진 고생을 했고, 지금도 하고 있는지….

이 폭력을 우리는 의무교육이 시행되는 학교에서 체득한다. "전 국민이 맞으면서 자라는 사회가 폭력적이지 않은 곳이 될 수 있을까?"라는 금태섭의 질문은 그 자체로 답이 된다.[22] 그의 말처럼 우리 사회는 폭력적이다. 그런데 많은 이들이 그러한 폭력을 인식하지 못한다. '너무나 일상적인' 일이기 때문이다. 앞서 말한 것처럼 나는 학교가 군대나 회사와 별반 다르지 않다는 것을 깨달았다. 그 깨달음을 얻은 사람이 나뿐만은 아니었나 보다. 병역거부로 감옥에 갔던 이용석은 서경식과의 대담에서 이렇게 말한다.

제가 감옥에서 느낀 건데, 많은 한국 남성들이 감옥에 가면 적응을 잘할 것 같아요. 감옥이 고등학교랑 너무 똑같았거든요. 그리고 회사 다니면서 느낀 건데 회사도 상당 부분 비슷했고요. 제가 뛰어난 사람이라 버틴 게 아니라 사실 어떻게 보면 이 사회 전체가 학교든 병원이든 직장이든 군대든 감옥이든 똑같다는 거죠. 물론 단절감은 더 심하지만 그 외에 기본적인 구조

---

22 같은 책, 79.

나 폭력이 작동하는 방식은 거의 똑같았기 때문에, 그런 면에서 감옥 밖과 감옥 안이 큰 차이가 나지 않는다는 거죠.[23]

다시 한 번 강조하지만 체벌은 폭력이다. 학생에게 심한 말을 하는 것도 폭력이고, 그런 억압적인 분위기가 학교 전체를 지배하는 것 역시 폭력이다. 문제는 이런 억압적인 분위기가 학교는 물론이고, 사회 전체를 휘감고 있다는 사실이다. 그러나 폭력적인 학교에서 억압과 명령, 지시받기를 당연하게 여기며 자란 이들은, 이 사회의 폭력성을 눈치채지 못한 채 지나치거나 알아채고도 그 정도가 심하지 않다고 여긴다. 이미 충분히 길들여졌기 때문이다.

경쟁의 내면화

교육 현장에서 학생들은 어릴 때부터 폭력만이 아니라 다른 것에 대해서도 길들여진다. '경쟁'과 그에 따른 '차별', 사회적 자본에 따라 '신분'을 나누는 행태도 학교 안에 만연해 있다. 대한민국의 교육을 이끄는 제1원

---

23 대담 서경식·이용석, "국민국가: 군대를 안 가면 국민이 아닐까?", 전쟁없는세상 엮음, 『저항하는 평화』(오월의봄, 2015), 250.

칙은 '경쟁'이다. 아이들은 어릴 때부터 서로 치열하게 경쟁하는 데 익숙하다. 남과의 비교를 통해 자신의 존재가치를 증명해야 하는 것이다. '누구보다 앞섰다', '누구를 제쳤다'는 표현이 일상적으로 통용되고, 석차를 통해 자신의 서열과 학교와 가정 내에서의 위상을 재확인한다. 등수가 떨어지는 것만으로 자신감과 자존감을 상실한다. 아이들이 성적을 비관해 자살하는 일은 이제 뉴스거리도 안 된다.

> 지금은 학생들의 죽음이 뉴스조차 안 되죠. 예전에는 학생의 자살이 영화화될 정도로 사람들에게 큰 충격을 줬는데 이제는 성적 비관 자살은 아무런 조명도 받지 못하죠. 2012년 한 해 동안 중고생 139명이 자살을 했는데 이건 내전이 있는 나라에서 죽는 비율과 비슷하다고 해요. 우리 청소년들은 지금 준전시 상태, 내전을 치르고 있는 셈이죠.[24]

경쟁을 제1원칙으로 하는 교육 때문에 삶이 망가진 학생들 중 일부는 스스로 생명을 버린다. 우리나라에서 자살은 2007년부터 2015년까지 청소년 사망 원인 부동의 1위였다. 자살의 주요 원인은 학업 스트레스다. 과도한 입시 경쟁이 내전에 버금갈 정도로 많은 청소년 사망자를 낳고

---

24 대담 조영선·김훈태, "교육: 폭력을 다스리는 더 큰 폭력의 울타리", 전쟁없는세상 엮음, 『저항하는 평화』(오월의봄, 2015), 274.

있는 것이다.

문제는 이런 경쟁으로 인해 하나의 이데올로기가 삶을 지배한다는데 있다. 교육 체제가, 교육 당국이, 교사가, 학부모가 경쟁을 부추기기도 하지만 학생들 스스로도 경쟁에 익숙해져 있다. 죽을 만큼 힘든데도 이사회의 기득권층이 되기 위해 경쟁을 마다하지 않는 것이다. 아니 온 사회가 경쟁에 목을 맨다. 강수돌은 이런 현상이 일어나게 된 이유가 '경쟁의 내면화' 때문이라고 말한다.

어떻게 해서 사람들은 연대와 단결을 하지 않고 경쟁과 분열의 패러다임 안에서 오로지 '더 높은 사다리 오르기' 게임에 열중하게 될까? 그것은 한마디로 '경쟁의 내면화'로 설명할 수 있다. 자본이 강제하는 생존경쟁을 마치 자신의 삶의 논리인 것처럼 굳게 받아들이는 것이다. 이렇게 해서 대부분의 사람들은 인간다운 삶의 논리를 적극 추구하는 대신에 수동적인 생존논리에 갇힌 삶을 살게 되는 것이다.

그렇다면 이러한 '경쟁의 내면화'는 왜 이뤄지게 되는가? 그것은 한마디로, '강자와의 동일시' 또는 '스톡홀름 신드롬' 개념으로 설명이 가능하다. 예컨대 이런 것이다. 우리가 직접 상대하기엔 너무나 버거운, 엄청난 폭력으로 우리를 위협하는 깡패(가해자)를 만나게 되었을 때 우리가 선택할 수 있는 대응 방식은 대개 도망가거나 싸우는 것이다. 그러나 상황 자체가 절대 도망갈 수 없고 그렇다고 직접 맞서 싸워봐야 결과가 뻔하다면 어떻게 해야 할까? 그것은 바로 그 깡패 같은 이 앞에 무릎을 꿇고 "형님, 알아서 모시겠습니다"라고 충성과 복종을 맹세하는 것이다. 그렇게 되면 엄청난 공포심이 갑자기 모종의 안도감으로 변한다. 피해자 자신이 마치 가해자와 일심동체가 된 것처럼 느끼고 행동하기 때문이다.[25]

강수돌은 '경쟁의 내면화'가 "이제 경쟁을 벗어나서는 도저히 살 수 없다"는 식의 체념적 태도나, "경쟁이야말로 인간 및 사회 발전의 효과적 방법"이라는 지배자의 논리를 그대로 반복하게끔 만든다고 말한다.[26] 그리고 경쟁에서 뒤처질지도 모른다는 두려움 때문에 사람들이 "서로 살벌하게 경쟁하는 것만이 유일한 삶의 전략이라고 믿고 따르"게 되고, "서로가 서로에게 경쟁자가 되고 또 그러한 경쟁을 당연시하는 것, 이것이야말로 지배적 시스템에 '모두' 지배당하게 되는 근본원리"라고 말한다. 즉 "경쟁은 지배와 동전의 양면"이라는 얘기다.[27]

이 경쟁의 내면화가 이뤄지는 첫 번째 공간이 바로 교육 현장이다. 강수돌은 "입시 경쟁이 결국은 기업들이 써먹기 위한 노동력 경쟁으로 연결되고, 노동력 경쟁은 결국 상품 경쟁, 생존 경쟁으로 연결된다는 사실을 학교는 가르치지 않는다"며 "이러한 생존 경쟁은 마침내 일등이든

---

25 강수돌, 『경쟁은 어떻게 내면화되는가』(생각의나무, 2008), 43-44.
26 같은 책, 45.
27 같은 책, 80.

꼴찌든 모두가 자기도 모르는 사이에 자본(이윤 논리)의 지배를 받게 된다는 사실, 그렇게 되면 모든 개인은 오로지 돈의 논리에 짓눌려 자신의 참 행복을 찾기 어렵다는 사실"을 학교에서 가르치지 않는다고 말한다.[28] 그리고 경쟁만을 강요하는 교육이 아이들을 죽이고 있다고 단언한다.

> 바로 이런 현실 속에 아이들이 서서히 '죽어' 간다는 것이 가장 큰 문제다. 원래 교육은 아이들을 살리는 것이어야 한다. 아이들이 스스로 제 앞가림을 하고 동시에 다른 존재들과 더불어 살아갈 지혜와 의지를 갖추도록 도와주어야 하는 것이다. 그래야 아이도 살고 우리 모두가 사는 사회도 살릴 수 있다. 그런데…한국의 교육 현실은 그런 '살림'의 교육과 거리가 멀다. 한마디로, '죽임'의 교육인 것이다.[29]

차별의 양성소(養成所)

경쟁이 중시되고, 경쟁에 따른 결과가 공유될 때 필연적으로 서열이 따라온다. 민주주의 사회라 일컬어지는 한국 사회에서 학교는 역설적으로

---

28 같은 책, 62-63.
29 같은 책, 56-57.

알게 모르게 신분과 성적에 따른 차별을 가르치는 공간이 되어버렸다. 이렇게 형성된 차별의식은 성인이 된 뒤에도 끊임없이 재생산된다. 학력과 학벌에 의한 차별이 일상으로 자리 잡고, 개인의 존재 가치가 그 서열에 종속된다. 자기보다 높은 서열의 대학을 나온 이들에게는 열등감을 느끼고, 낮은 서열의 대학생들 앞에서는 고개를 빳빳이 세운다. 같은 대학의 대학원에 진학해 학부 출신이 아닌 학생들을 차별하고, 정시로 입학하면 수시로 들어간 학생들을 그런 식으로 차별한다. 차별을 하는 쪽이나 당하는 쪽이나 그것을 당연하게 여긴다. 대학에 들어가지 못한 이들이 받는 차별은 언론지상에 회자되지도 못한다. 실습이란 명목 하에 강도 높은 노동과 각종 인권 침해가 벌어지고 있지만 그들은 그냥 잊힌 존재다. 아니 잊힐 수밖에 없는 존재처럼 느껴진다.

그 와중에 경쟁만을 중시하는 교육의 피해자인 학생들은 그 경쟁으로 생긴 서열에 따라 다른 사람들을 대놓고 차별하는 가해자로 둔갑한다. 『우리는 차별에 찬성합니다』의 저자 오찬호가 주목한 부분도 서열의 피해자이자 가해자인 20대 청년들의 기이한 모습이었다.

대학에서 '인권과 평화'라는 과목을 강의하던 오찬호는 'KTX 여승무원들의 철도공사 정규직 전환 요구' 문제를 논의하던 중 한 학생으로부터 "날로 정규직 되려고 하면 안 되잖아요!"라는 얘기를 듣는다. 사측의 잘못이 명백하다는 생각 때문에 "이슈를 놓고 학생들과 서로 이견을 주고받는 '토론'의 모양새로 접근할 생각은 애초에 없었"고, "'누가 옳은가'

가 아니라 '뭘 잘못했는가?'를 확인해가는 정도의 논제"이며, "20대 대학생들이 비정규직 노동자들의 열악한 상황에 관심을 가지는 것, 그리고 그들의 '정규직 전환' 주장에 적극적인 관심을 보이는 것이야말로 지극히 타당한 사회적 연대임을 강조"하기 위한 수업이었는데 예상치 못한 반응을 만난 것이다.[30]

이 학생은 "처우 개선과 정규직 전환의 문제는 전혀 별개의 것이라고 생각합니다. 지금 대학생들이 왜 이렇게 고생을 합니까? 정규직이 되기 위한 것 아니겠습니까? 그런데 입사할 때는 비정규직으로 채용되었으면서 갑자기 정규직 하겠다고 떼쓰는 것은 정당하지 못한 행위인 것 같습니다"라고 말을 이었다.[31]

비정규직 일자리가 점점 늘어나고 있는 현실에서, 취업을 앞둔 대학생들이 비정규직의 처지에 동병상련의 아픔을 느끼기를 기대했던 오찬호는 저들이 말하는 '정당성'의 벽에 가로막혔다. 그에겐 대부분의 학생들이 저 학생의 말에 수긍하는 것도 충격이었다. '노력한 만큼 가져간다'는 논리가 이들이 말하는 '정당성'이었다. 그런 의미에서 이들에겐 쌍용자동차 대량해고 사태도, 용산 참사도 모두 정당하지 못할 뿐만 아니라 부당한 요구를 하는, 즉 생떼를 부리는 일밖에 되지 않는 것이다.

---

30   오찬호, 『우리는 차별에 찬성합니다』(개마고원, 2013), 16-17.
31   같은 책, 18.

따지고 보면 이들은 학창시절 내내 남보다 더 많은 시간과 자본을 투자해 수능이라는 '객관적인(?)' 시험을 통해 대학에 들어갔다. 사교육이 횡행하는 교육시장 때문에 수능시험은 객관적인 잣대가 아니지만 이들에게 수능을 치고 들어간 대학의 이름은 자기 노력에 대한 보상이고, 타인과 나를 구별 짓고 서열화하는 지표다.

현재 20대 대학생들의 일상은 이 수능배치표에 너무도 강고히 얽매여 있다. '서연고 서성한 중경외시…'로 암송되는 서울권 20개 대학의 배치표 순위가 이들의 삶을 지배한다. 그 배치표에서의 위치야말로 자신의 현 사회적 위치를 보여주는 '객관적인' 지표이다. 과거의 기억이 어떠했든, 현재 이들이 자기 계발 시대를 살게 된 이상 그 기억은 이렇게 재구성된다. 수능배치표가 부여한 점수 차는 타인과 자신을 구분·구별·차별해주는 객관적인 숫자가 된다. 그것은 '별것 아닌 숫자'가 아니라, 한 인간이 '시간을 얼마나 성실하게 사용했는가'를 증명하는 지표이다. 자신의 경쟁력을 드러내고 강조하기 위해 포기할 수 없는 숫자인 것이다.[32]

대학에 들어간 뒤에도 경쟁은 계속되고, 대학생들은 '자기 계발'을 통해 스펙을 쌓고 토익점수를 올리는 일에 매진한다. 엄청난 액수의 대학

---

32 같은 책, 144-145.

등록금 때문에 학자금 대출을 받아야 하는 처지지만 그러한 현실을 타개하기 위해서라도 계속 공부하고 경쟁을 해야 한다. 이들은 경쟁에 너무나도 익숙해 있다. 이 치열한 경쟁사회에서 자기처럼 노력하지 않는 듯한 이들이 노동자의 권리를 찾기 원하는 것은 '정당하지 못한 요구'이기 때문에 잘못이라고 못 박는다. 이들은 스스로가 사회적 약자임에도 자신의 미래가 노력 여하에 달려 있다고 믿기 때문에 취업 문제를 비롯해 온갖 사회적인 문제를 개인의 노력 부족 탓으로 돌린다. 스스로가 그러니 다른 이들도 그래야 한다. 비정규직은 애초에 비정규직이었으니까 그 이상을 요구하면 안 되고, 대학 청소노동자들의 복직 투쟁에 대해서는 "공부도 더 많이 한 분들도 아직 어려운데 좀 지나친 요구"라고 치부한다.[33]

이들은 경쟁에만 매몰된 탓에 타인의 아픔에 공감하기 힘들다. 내가 힘들기에 타인의 아픔에 시선을 돌릴 여력도 없고, 설혹 관심이 생겨도 누구나 힘들다는 논리로 무시하고 지나쳐버린다. 다른 사람이 겪는 고통에 무감각해지는 것이다. 또 서열과 그에 따른 차별을 당연시한다. 자기보다 낮은 서열의 대학에 들어간 이들은 수준이 떨어지는 애들이고, '급'이 다른 애들이다. 또 성공과 취업이 지상과제다 보니 "자신을 기업에 잘 팔리는 상품으로 '제조'하는 데 일말의 거부감도 없"다.[34]

---

33 같은 책, 76.
34 같은 책, 179.

연대의식의 실종, 공감 능력 부족, 모든 문제를 개인의 잘못으로 인식하는 태도, 자기 계발서의 논리대로 '할 수 있다'와 '하면 된다'는 말을 과잉 신뢰하는 자세, 성공한 자의 권위에 대한 순종 등이 지금 20대가 갖고 있는 특징이다. 아니 지금의 20대만이 아니다. 대부분의 세대에서 이런 특징이 도드라진다. 정도의 차이는 있을지언정 사람들은 경쟁과 서열을 내면화한 채 성공만이 유일한 삶의 목적인 것처럼 살아간다. 권력에 순종하고 순응하는 것도 마찬가지다. 우리는 이 사회의 주류에서 이탈하지 않기 위해, 이탈하면 큰 일이 벌어질 것 같다는 두려움 때문에 자신을 강자와 동일시한다. 강자의 논리를 무한 반복하면서, 체제에 순종하고 순응하고 복종하면서 삶을 살아낸다. 그 사실을 뼈아프게 보여주는 증거가 학교고, 교육이다.

　어쩌면 이 나라의 교육은 힘에 순종하고 체제에 순응하는 사람을 양산하는 게 목적인지도 모른다. 사람이 스스로를 적극적으로 자본주의 체제에 가장 잘 어울리는 하나의 상품으로 만들도록 하는 게 이 나라의 교육인지도 모른다. 좋은 대학에 가고, 대기업에 취직하거나 법조인 또는 관료가 되는 것만을 '성공'이라고 여기는, 그런 협소한 기준을 제시하고 이를 충족하지 못하면 '실패자'나 '루저'라는 딱지를 붙이는 것이 이 나라의 교육인지도 모른다.

결국 이 나라의 교육 기관은 강자의 논리대로 움직이는 '자동인형'을 만들어내는, 지배 이데올로기로 인간을 억압하는 거대한 사육장이자 수용소인지도 모른다. 아니면 아이들을 통해 그런 사회를 미리 아주 적확하게 구현해낸 실험장이라고 해도 무방할 것이다. 오랫동안 우리는 이런 교육을 받았다. 그사이 사유하고 성찰할 줄 아는 '자유롭고 독립적인 인간'은 압살당했고, 개인의 자유를 옥죄는 온갖 우상과 기제는 여전히 우리를 억압하고 있다. 아니 우리 스스로가 그런 억압을 공고히 하는 하나의 톱니바퀴가 되었다. 온 사회가 무한경쟁, 경쟁에 따라 생기는 서열과 차별을 당연시하게 됐고, 교육을 통해 그걸 내면화하면서 악순환이 계속되고 있는 것이다.

이 악순환을 끊어야 한다. 무엇이 개인의 자유를 옥죄고 있는지에 대한 사유와 성찰, 억압의 존재를 알아챈 개인들 간의 소통과 연대가 필요하다. 무엇보다 개인의 자유를 억압하는 모든 관습, 우상, 지배 이데올로기 등에 대한 불복종이 필요하다. 지난 역사를 돌아보면 인간 사회의 진보는 복종하지 않는 태도, 바로 그것으로부터 시작됐기 때문이다.

8

진보는
불복종에서 시작한다

왜 다시 불복종인가?

인간은 불복종의 행위에 의해 끊임없이 진보했다. 양심이나 신념에 의해 권력 앞에서 '아니오'라고 용감하게 말한 사람들이 있었기 때문에 인간의 정신적 발전이 가능했을 뿐만 아니라, 지적 발전 또한 불복종—새로운 사상을 억누르는 권위들에 대해, 그리고 어떤 변화를 몰상식한 것으로 규정하려는 기존의 오랜 견해들의 권위에 대해 불복종—하는 능력에 의해 이루어졌다.[1]

에리히 프롬의 말처럼 인간 사회를 좀 더 나아지게 만든 진보는 불복종에서 시작된다. 삶을 억누르는 어떤 권위에 대해, 우상에 대해, 인간의 자유의지를 옥죄는 유·무형의 압제에 대해 불복종하지 않았다면 인류의 진보는 이루어지지 않았을 터다. 진보는 불복종이 있었기에 가능했다.

1955년 12월 1일 미국 앨라배마 주의 몽고메리에서 로자 파크스

---

1 에리히 프롬, 문국주 역, "심리학적·도덕적 문제로서의 불복종", 『불복종에 관하여』(범우사, 1987), 17.

(Rosa Parks)란 흑인 여성이 백인들만 앉을 수 있는 자리에 앉는, 시내버스에서의 흑백 분리를 규정한 법에 대한 불복종 행위를 함으로써 1960년대의 인종차별을 완화시키고 흑인들의 인권을 신장시킨 민권운동을 폭발시켰다. 1960년대에 베트남 전쟁이 발발했을 때 징병을 거부한 많은 미국 시민들의 불복종 행위로 인해 반전 여론이 확산되었다. 또한 이는 미군이 베트남에서 철수하는 배경이 되었다. 자신의 양심에 따라 정부와 법의 권위에 도전해온 무수히 많은 사람들의 불복종 행위는 분명이 사회를 진보로 이끌었다.

　우리의 경우는 어떤가. 4·19혁명, 1980년 5월 광주민주항쟁, 1987년 6월 항쟁 당시 시민의 불복종은 이 땅에 민주주의를 가져온 밑거름이 되었다. 1980년 5월 독재정권에 반발해 일어났던 광주민주항쟁은 결국 국민을 지켜야 할 군에 의한 대국민 학살로 끝이 났지만, 그때의 정신과 기억은 면면히 살아남아 1980년대 독재정권에 맞선 1987년 6월 항쟁의 든든한 밑거름이 되었다. 이런 거대한 불복종 행위로 말미암아 우리는 오랜 독재를 종식시켰고, 정부가 시민의 뜻에 반하는 정책을 펼칠 때마다 눈 밝은 이들이 불복종 행동에 나서왔고, 지금도 나서고 있다. 때로는 죽음을, 때로는 인간적인 모멸을 무릅쓰고 말이다. 2008년의 미국산 쇠고기 수입에 반대하는 촛불 시위, 2014년부터 현재진행형인 세월호 침몰을 둘러싼 일련의 눈물 가득한 투쟁, 그리고 2016년 말 박근혜·최순실 게이트로 분노한 시민들이 일으킨 대규모 촛불 시위가 그 증거들이다.

이런 행동들이 우리 헌법에서 규정한 인간의 행복을 추구할 권리를 지키기 위해 벌어졌고, 지금도 펼쳐지고 있다.

그러나 불복종은 언제나 해서는 안 될 행동으로 치부된다. 질서에 반한다는 이유에서다. 과연 그럴까? 하워드 진은 영국의 소설가이자 과학자인 스노우의 입을 빌려 이렇게 말한다.

인간의 길고 어두운 역사를 돌이켜보면, 반란이라는 이름보다 복종이라는 이름으로 저질러진 끔찍한 죄악이 훨씬 더 많음을 알 수 있다. 가장 엄격한 복종률 속에서 훈련된 독일 장교단(German Officer Corps)은…복종이라는 이름으로 세계 역사상 가장 사악하고 대규모였던 전쟁행위에 동조하고 참가했던 것이다.[2]

에리히 프롬 역시 "불복종의 능력이 인류 역사의 시초를 이루었다면, 이미 언급한 바와 같이 복종은 당연히 역사의 종말을 가져올 것이다"라면서 "만약 인류가 자멸한다면 그것은 그들로 하여금 죽음의 단추를 누르도록 명령한 자에게 복종했기 때문일 것"이라고 말한다.[3] 동서 냉전 시기에 발표된 이 논문에서 죽음의 단추란 미국과 소련 사이의 핵전쟁 위

2 하워드 진, 이아정 역, 『오만한 제국』(당대, 2001), 74.
3 에리히 프롬, 문국주 역, "심리학적·도덕적 문제로서의 불복종", 『불복종에 관하여』 (범우사, 1987), 17-18.

험을 말한다. 프롬은 최종적으로 핵미사일 발사 단추를 누르는 일, 그 일에 복종했을 때 맞게 될 결말을 경고하고 있는 것이다.

여기서 한 가지 의문이 생긴다. 과연 프롬이 말한 핵전쟁의 위협만이 인류가 자멸하는 유일한 원인이 된다고 할 수 있을까? 무슨 말인고 하니 인류는 죽음의 단추를 누르는 행위뿐만 아니라 복종의 행위로도 자멸할 수 있다는 말이다. 인류의 진보를 끊임없이 방해하는 복종이 순종과 순응이란 이름으로 둔갑했을 때 인류 사회는 전쟁, 학살 등 그 존립을 흔드는 위험을 맞이했다. 소수에게는 복종의 행위가 이득이 되지만, 다수에게는 복종이 그들의 자유와 자유의지를 앗아가 인간의 존립 근거를 없애는 요인이 된다.

인류는 그런 복종의 행위로 멸망에 다다를 수도 있다. 아니 멸망까지는 아니어도 복종은 인류를 진보가 멈춘 퇴보의 길로 이끈다. 퇴보와 자멸을 막을 수 있는 힘은 불복종에서 나온다. 때로는 피로 점철되고야 만 불복종은 그동안 한국 사회의 민주주의를 조금씩 진전시켰다. 그래서 민주주의가 뒷걸음치고 있는 이때야말로 불복종이 필요하다. 좋은 게 좋은 거라는 통념에 맞서야 한다. 나와 상관없는 일이라는 식의 무관심과도 결별해야 한다. 독립적인 개체로서의 인간으로 거듭나기 위해서는 스스로의 양심에 따를 줄 알아야 한다. 나를 둘러싼 온갖 정치적·사회적 환경이 내 삶을 옥죄고 있긴 하지만, 그래서 불복종이 힘들긴 하지만 적어도 스스로의 양심을 살펴보고, 삶을 성찰하는 능력을 지녀야 한다. 적어도 "안녕들 하십니까?"라며 우리의 상태를 성찰하고, 불합리와 모순을 응시할 줄은 알아야 한다.

무관심은 순응을 부르고, 순응은 너무나 쉽게 복종으로 변질되며, 복종은 순종이란 이름으로 사람들의 머릿속에서 변태한다. 내 자유의지로 순종하고 있다고 믿는 이의 삶은 답이 정해진 객관식 문제와 같다. 선택의 여지가 항상 정해져 있기 때문이다. 또한 그러한 믿음은 힘의 향방을 따르기 마련이다. 그래서 사람들은 복종하고 있음에도, 자신이 그 체제를 인정하여 순종하고 있다고 여긴다. 아니 자신은 순응·순종·복종과는 무관하며 자유롭다고 생각한다. 여기서 한 가지 알아두어야 할 것은 권력자들은 순종을 복종으로 받아들이고 있다는 사실이다. 그렇다면 어떻게 해야 할 것인가? 그 답은 이미 정해졌다.

복종은 선이고 불복종은 악인가?

2012년 대선 때 불거진 국정원 선거개입 의혹을 두고, 대선 이후에 새누리당과 민주당이 격돌했을 때 새누리당에서 내건 프레임은 '대선불복'이었다. 새누리당의 주장에 따르면 대선불복은 민주주의의 꽃인 선거를 통한 대통령 선출을 부정하는 행위였고, 민주주의에서 행해져서는 안 될 악이었다. 새누리당이 펼친 대선불복론은 곧 복종이 선이라는 말과 같다. 그러나 이는 정작 국가기관의 선거개입이라는 더 큰 악을 저지른 이들을 방어하고, '불복종은 악'이라는 오래된 프레임으로 틀을 지어 사람들로 하여금 그 틀 안에서만 사고하게끔 만들었다.

불복종은 언제나 일종의 '악'으로 치부되었다. 대세를 거스르는 일은 '용기' 있는 일이기도 했지만 한편으로는 풍차를 향해 돌진하는 돈키호테에 비견되는 행위로 폄하되거나 만용을 부리는 어리석은 짓이요, 세상 물정 모르는 바보 같은 짓으로 취급받았다. 그래서 누구도 쉽게 불복종을 전면에 내세우지 못한다. 숱한 사례를 통해 불복종이란 단어가 가진 부정적인 함의를 체득했기 때문이다.

그렇다면 불복종은 악이고, 복종은 선인가? 아니면 복종이 악이고, 불복종이 선인가? 사실 복종과 불복종을 선과 악으로 엄격하게 나눌 수는 없다. 문제는 무엇에 복종하느냐, 또는 순종하느냐 하는 것이다. 프롬의 얘기를 들어보자.

내가 모든 불복종은 선이고 모든 복종은 악이라고 주장하는 것은 아니다. 이와 같은 견해는 복종과 불복종 간의 변증법적 관계를 무시한 것이다. 복종해야 할 원칙과 불복종해야 할 원칙이 양립할 수 없을 때에는 항상 한 원칙에 대한 복종은 필연적으로 그에 대립되는 원칙에 대한 불복종을 의미하게 되고, 그 반대 역시 그렇다. 안티고네(Antigone)는 이러한 이분법의 고전적인 예에 해당된다. 비인간적인 법률에 복종하면 도덕률에 불복종하게 되고, 도덕률에 복종하면 법률에 불복종하게 된다. 종교적 신앙과 자유, 그리고 과학을 위해 죽어간 모든 순교자들은 그들 자신의 양심과 이성, 그리고 도덕률에 복종하기 위해 그들로 하여금 진실을 말하지 못하게 억압하는 자들에게는 불복종할 수밖에 없었다.[4]

프롬의 말처럼 불복종자들은 법률로 대표되는 인간이 만든 규칙과, 개인의 신앙과 자유, 과학으로 대변되는 도덕률 사이의 갈등에서 도덕률을 선택한 사람들이다. 그들은 도덕률을 지키기 위해 순교했고, 불이익을 감수했다. 이들은 자신들로 하여금 진실을 말하지 못하게 하는 억압에 불복종할 수밖에 없었다. 그들에게 복종은 곧 '악'이었다.

프롬은 "인간이 복종할 줄만 알고 불복종하지 못한다면 그는 노예이다. 반면에 불복종할 줄만 알고 복종하지 못한다면 그는 혁명가가 아니라 반도(叛徒)에 불과하다"며 복종을 타율적인 순종과 자율적인 순종으로 나눠 설명한다.

사람이나 제도, 권력에 대한 순종(타율적인 순종)은 복종이다. 즉 이것은 나 자신의 자율성의 포기와 나 자신의 의지와 판단 대신 외부의 의지와 판단을 받아들이는 것을 의미한다. 이에 비하여 나 자신의 이성 혹은 확신에 의

---

4 같은 책, 19.

한 순종(자율적인 순종)은 복종의 행위가 아니라 긍정의 행위이다. 나의 확신과 판단이 참으로 나 자신의 것이라면 그것은 나의 일부이다. 내가 다른 사람의 판단보다 나 자신의 판단을 따른다면 나는 나 자신이 되는 것이다. 따라서 이 경우에 '순종한다'는 말은 단지 은유적인 의미에서, 그것도 '타율적인 순종'의 경우와는 전혀 다른 의미로만 쓰일 수 있다.[5]

자율적인 순종은 복종과 다르다. 복종, 즉 타율적인 순종과 비교하기 위해 '자율'을 붙였을 뿐, 자율적인 순종은 자신의 의지대로, 판단대로 자신의 삶을 결정짓는 것과 같다. 즉 주체적인 삶을 사는 것이다. 그러나 타율적인 순종, 즉 복종은 강자의 논리, 권력 및 지배 이데올로기가 내 삶에 개입한 결과다. 복종은 개인의 자유와 독립을 해칠 뿐만 아니라 끔찍한 결과를 낳기도 한다. 하워드 진은 "역사적으로 가장 끔찍한 일들, 예컨대 전쟁, 대량학살, 노예제 따위는 불복종이 아니라 복종에서 비롯된 결과였다"고 단언한다.[6] 한 가지 예가 베트남 전쟁 당시 벌어졌던 미라이 학살이다.

미라이(My Lai) 대학살에서 우리는 복종을 강요하는 문화가 갖는 힘의 극

---

5 같은 책, 18-19.
6 하워드 진, 이아정 역, 『오만한 제국』(당대, 2001), 230.

단적인 예를 볼 수 있다. 1968년 3월 어느 날 이른 아침, 미군 병사 한 무리가 헬리콥터 소리도 요란하게 남베트남의 작은 마을 미라이에 내렸다. 병사들은 마을에 있는 사람을 모조리 죽이라는 명령을 받았다. 약 1시간여 동안 병사들은 단 한 발의 총도 맞쏘지 않은 400명가량의 베트남인을 학살했다. 대부분이 노인과 여자와 어린아이였다. 그들은 도랑으로 내몰려 기관총의 포화 속에 쓰러졌다.[7]

20세기는 학살의 시대였고, 전쟁의 시대였으며, 냉전의 시대였다. 이는 모두 국가권력의 명령과 지시에 국민이 복종한 결과였다. 이와 반대로 시민들의 불복종은 반전운동과 민권운동을 불러일으키며 좀 더 민주적인 사회를 만들어왔다. 또 노동자들의 투쟁으로 하루 8시간 노동이 가능해졌고, 아동 노동 역시 사라졌다. 여성운동가들의 불복종 덕분에 여성참정권이 허용됐고, 여권 신장이 이루어졌다. 이러한 불복종이 인간의 행복을 증진시켰음은 주목할 만한 사실이다.

복종과 불복종을 선과 악의 이분법으로 확연히 구분할 수는 없다. 절대적인 것은 없기 때문이다. 절대적인 것이 있다고 믿는 순간 다른 의견을 받아들이지 못하는 오만으로, 다른 의견을 압살하는 폭력으로 치달을 수 있다. 하지만 이것 하나만은 확실하다. 과거의 역사를 살펴봤을 때, 인

---

7 같은 책, 85-86.

간이 행복한 사회를 만들고, 소수가 아니라 다수에게 이익이 되는 일들을 해올 수 있었던 원동력은 불복종 행위였다는 것 말이다.

법과 정의, 명령과 양심 사이에서

하워드 진은 시민불복종을 "어떤 사회적 목적을 달성하기 위해 신중하게 법을 위반하는 행위"라고 정의했다.[8] 또 헨리 데이빗 소로우는 개인은 국민이기 이전에 인간이어야 하고, 법에 대한 존경심보다는 정의에 대한 존경심을 먼저 기르는 것이 옳다고 말했다.

> 우리는 먼저 인간이어야 하고, 그다음에 국민이어야 한다고 나는 생각한다. 법에 대한 존경심보다는 먼저 정의에 대한 존경심을 기르는 것이 바람직하다. 내가 떠맡을 권리가 있는 나의 유일한 책무는, 어떤 때이고 간에 내가 옳다고 생각하는 일을 행하는 일이다.…법이 사람들을 조금이라도 더 정의로운 인간으로 만든 적은 없다. 오히려 법에 대한 존경심 때문에 선량한 사람들조차도 매일매일 불의의 하수인이 되고 있다.[9]

---

8 하워드 진, 문강형준 역, 『권력을 이긴 사람들』(난장, 2008), 140.
9 헨리 데이빗 소로우, 강승역 역, "시민의 불복종", 『시민의 불복종』(이레, 1999), 13.

법으로 통칭되는 권력의 규제에 맞서는 불복종은 쉬운 게 아니다. 법치 사회에서는 더더욱 그렇다. 불복종은 '범법'의 경계에 서기 마련이다. 법에 의한 처벌을 감수해야 할 때가 많은 행위라는 얘기다. 그래서 권력자들은 '법과 질서를 수호'한다는 명분으로 불복종 행위를 용납하지 못하고, 법과 질서가 무너지면 무정부사태가 올 것이라고들 얘기한다. 그러나 하워드 진의 생각은 다르다. 그는 징집거부운동을 펼쳤던 사람들에 대해 1968년 프랜시스 포드 판사가 "법과 질서가 중지된 곳엔 분명코 무정부상태가 시작된다"고 판결한 것을 이렇게 비판한다.

포드 판사의 말은 최저임금제가 곧 볼셰비즘을 불러올 것이라거나, 버스에서의 흑백 분리 좌석이 없어지면 곧 흑백 인종 간 혼혈사태가 벌어질 것이라거나, 베트남에 공산주의가 들어서면 곧 세계가 공산화되고 말 것이라고 되뇌어왔던 보수파의 충동질과 근본적으로 맥락을 같이한다. 그리고 행동이란 모두 주어진 한 방향으로 돌진하여 극단으로 치닫게 마련이라고 추정하고 있다. 사회적 변화는 모두 가파르고 미끄러운 언덕꼭대기에서 일어나는 것이어서, 일단 한 번 밀기만 하면 밑바닥까지 그냥 돌진해갈 것이라는 식이다. 그러나 실제로 시민불복종은 다른 모든 개혁운동과 마찬가지로 언덕꼭대기까지 밀고 올라가는 일에 더 가깝다. 세상사는 일반적으로 기존의 것이 그대로 존속되는 경향을 띤다. 인류 역사에서 반역이란 단지 이따금 일어나는 고통에 대한 반작용일 뿐이었고, 권력에 맞서 반항하기보다는 복종해온 사례가 훨씬 더 많다. 우리가 좀 더 관심을 기울여야 할 것은, 그 자연스런 추세상 격렬한 폭동으로 치달은 몇몇 경우가 아니라, 사람들이 불가항력적인 부당한 상황에 직면하여 갖게 되는 복종적 성향이다.[10]

또 하워드 진은 시민불복종의 원칙이 "법에 대한 무조건적인 복종을 거부하는 데 있"으며 "법이 아니라 정의가 궁극적인 잣대가 되어야 한다"고 한다.[11] 그러면서 1960년대 미국의 반전운동을 예로 들며 이렇게 말한다.

군인들과 징집자들이, 또 시민들이 베트남 전쟁에 반대하여 일으킨 대규모 시민불복종 운동이 정당화될 수 있는 것은 단순히 그것이 시민불복종 운동이었기 때문이 아니다. 그것은 인간의 권리, 수백만 베트남 민중들이 살해당하지 않을 권리, 미국의 '중요한 부동산 한 뙈기'(존 F. 케네디 대통령의 말)라는 이유로 동남아시아에서 그 민중들이 살해당해서는 안 될 권리, 그것을 위한 불복종이었기에 정당화될 수 있는 것이다. 법을 벗어난, 또는 법에 대항하는 행동은 반드시 그 행동이 인간에게 미친 결과에 비추어 판단되어야 한다. 니카라과 농민들에게 테러행위를 자행하던 중앙아메리카의

---

10 하워드 진, 이아정 역, 『오만한 제국』(당대, 2001), 229-230.
11 같은 책, 229.

테러집단 콘트라 반군에게 불법적으로 군사원조를 한 올리버 노스 대령의 불복종 행위가 정당화될 수 없는 이유는 바로 여기에 있다. 반대로 베트남에서의 살인 행위를 중단시키고자 했던 사람들의 시민불복종 운동은 필요하고도 정당한 것이었다.[12]

법에 대항하는 행동은 그것이 인간에게 어떤 결과를 불러왔는지에 비추어 판단해야 한다는 말에 동의한다. 1987년 6월 항쟁 당시 많은 시민들이 법을 어기고 정권에서 불법 시위라고 명명한 시위에 참가했다. 그 행동의 결과 헌법이 바뀌었고, 민주주의를 얻었다. 1987년의 불복종 행위를 정부 당국은 '혼란'이라고 일컬었지만, 그 결과 오랜 독재정권이 종식되었다. 만약 법에 복종하기만 했다면 그런 일이 벌어지지 않았을 것이고, 민주주의는 더디게 찾아왔을 것이며, 그로 인해 혼란은 더 가중됐을 것이다. 하워드 진이 법과 정의 사이에서 정의를 택해야 한다고 주장하는 이유도 이것이다.

법과 정의는 분리될 수 없다는 게 전통적인 관념이다. 하지만 어떤 법이든 무조건 복종하는 것은 정의를 침해하게 되며, 빠르든 늦든 거대한 무질서로 이어지게 되어 있다. 히틀러는 법과 질서를 외치면서 유럽을 지옥 같은 전쟁

---

12 같은 책, 236-237.

의 무질서로 몰아넣었다. 모든 국가는 거부하면 처벌하겠다 위협하면서, 그 국민의 복종과 그 군대의 순종적인 동원을 위해 법의 힘을 사용한다. 그렇게 해서 저마다 탄생된 각 나라의 군대 징집법은 형언할 수 없는 전쟁의 무질서로, 유혈 낭자한 전장의 혼돈으로, 국제적인 혼란으로 이어지게 된다.[13]

여기에 덧붙여 하워드 진은 "법을 뛰어넘는 저항, 이것은 민주주의로부터의 이탈이 아니다. 오히려 민주주의에 필수불가결한 요소이다"라고까지 말한다.[14] 이 말처럼 인간 사회의 갈등을 조정하고 인간의 행복을 위해 만들어진 법이, 인간의 권리를 침해하고 민주주의를 위협할 때, 인간 스스로 법을 뛰어넘는 저항에 나설 필요가 있다.

내면화된 복종

그러나 자신의 양심에 따라, 정의에 따라 행동하는 일은, 즉 법을 어기는 일은 쉽지 않다. 웬만한 결기가 아니고서는 실행에 옮기기 힘들다. 개인의 안정적인 생활을 포기해야 하기 때문이다. 프롬 역시 이를 인정한다.

---

13 같은 책, 199.
14 같은 책, 221.

왜 인간은 그다지도 쉽게 복종하는가? 그리고 불복종하는 것은 왜 그렇게 어려운가? 스스로 국가나 교회 혹은 일반적인 여론에 복종하고 있는 동안에는 안전하게 보호받고 있다고 느끼게 된다. 사실 내가 복종하는 힘이 어떤 것이든 간에 이 점에서는 아무런 차이가 없다. 제도 혹은 인간은 언제나 여러 가지 형태의 강제를 사용하고 있으며 스스로 전지전능하다고 거짓된 주장을 한다. 나는 복종을 통해 내가 경배하는 힘의 일부가 되고, 그리하여 스스로 강해진다고 느낀다. 또 그 힘이 나를 대신해서 결정해주므로 나는 잘못을 저지르지 않는다고 느낀다. 또한 그 힘이 나를 지켜주기 때문에 결코 외로울 수 없으며 이 권위가 나로 하여금 죄를 짓지 않도록 도와줄 것이며, 설사 죄를 짓는다 해도 이에 대한 벌은 단지 자신이 전지전능한 그 힘에게로 되돌아가는 것에 불과하다고 생각한다.[15]

그래서 프롬은 "불복종하기 위해서는 홀로 있을 수 있고 잘못을 저지르고 죄를 지을 수 있는 용기가 있어야만 한다. 그러나 대부분은 용기가 부족하다. 용기를 가질 수 있는 능력은 한 사람의 성장 상태에 달려 있다. 그가 어머니의 보호와 아버지의 명령으로부터 벗어나 충분히 한 개인으로 성장하여 스스로 생각하고 느끼는 능력을 가질 때만이 권력에 대

---

15 에리히 프롬, 문국주 역, "심리학적·도덕적 문제로서의 불복종", 『불복종에 관하여』 (범우사, 1987), 21.

해 '아니오'라고 말할 수 있는, 즉 불복종할 수 있는 용기를 가질 수 있다"고 말한다.[16]

　우리는 한 개인으로 온전히 성장하지 못하고 있다. 자유롭고 독립적인 개인이 되는 길은 요원한 듯 느껴진다. 그래서일지도 모르지만, 어쨌든 불복종하지 못하는 이유를 개인의 용기 탓으로만 돌리지 못하는 게 현실이다. 이 사회에서 불복종은 금기다. "모난 돌이 정 맞는다"는 속담처럼 돌출행동이 용납되지 않는 게 우리 사회다. 복종은 이 사회를 유지하는 일종의 내재율이고 기득권층은 불복종에 '악'의 혐의를 들씌운다. 그들에게 불복종은 평안한 사회를 뒤흔들고 혼란을 일으키는 악일 뿐이다.

　문제는 시민들도 이런 기득권층의 논리를 내면화했다는 데 있다. 우리는 가정에서, 학교에서, 직장에서, 온 사회를 통틀어 복종을 배웠다. 그 결과 복종은 습관이 되었고, 관습이 되었다. 습관이 무서운 법인데, 우리는 학교, 군대, 직장 등 사회체제 내에서 습관적으로 복종을 배워왔다. 그렇게 복종은 우리 안에 내면화되었다.

　내면화된 복종은 진정한 자유가 아닌 허용된 자유 안에서 자신이 자유롭다는 착각에 사로잡혀 있을 때 발현된다. 강신주는 허용된 자유에 대해 이렇게 말한다.

16　같은 책, 21.

우리에 갇힌 동물보다 자연공원에 방목된 동물이 더 자유로운가. 겉으로는 자유로워 보이지만, 자세히 생각해보면 본질적으로 다른 점은 하나도 없다. 허용된 자유는 언제든 허락한 측에서 철회할 수도 있는 불완전한 자유, 아니 정확히 말해 자유를 표방한 기묘한 억압에 지나지 않는다. 그래서인지 자연농원의 동물들은 자신을 가두는 사방의 벽 쪽으로 가기보다는 본능적으로 가운데로 모인다. 하긴 벽에 직면하는 순간, 자신이 갇혀 있다는 사실을 알 테니 얼마나 불쾌한 일이겠는가. '한계를 넘지 않는다면, 너희들 마음대로 해도 좋다.' 이것이 바로 허용된 자유의 논리이다. 허용된 자유를 자유라고 받아들이는 순간, 우리는 자신의 행동을 검열하게 된다.…자신의 의지에 따라 살아가려는 사람만이 자신의 길을 가로막는 체제의 힘을 뼈저리게 느끼는 법이다. 반면 허용된 자유 속에 안주하는 사람은 체제의 억압을 자각할 수조차 없다. 이미 체제가 정한 한계나 금기를 받아들였으니 어떻게 억압을 느낄 수 있겠는가?[17]

프롬 역시 권력에 대해 '아니오'라고 말하기 어려운 이유를 복종의 내면화에서 찾는다. 그는 복종이 선으로, 불복종이 악으로 규정된 것은 "인류 대부분의 역사에 걸쳐 소수가 다수를 지배해왔기 때문"이라며 이렇게 말한다.

---

17 강신주, 김서연 만듦, 『김수영을 위하여』(천년의상상, 2012), 21.

오직 소수만이 생의 좋은 것들을 독차지했고, 다수에게는 오직 그 찌꺼기만이 주어졌기 때문에 필연적으로 이 같은 지배가 이루어졌다. 소수가 좋은 것들을 즐기고 나아가 다수가 소수를 위해 봉사하고 일하도록 하기 위해서는 하나의 조건이 충족되어야만 한다. 즉 다수가 복종하는 것을 배워야 한다는 것이다. 확실히 복종은 순전히 강제에 의해서만 이루어질 수도 있다. 그러나 이러한 방법은 여러 가지 불리한 점이 있다. 그것에는 언젠가 다수의 힘으로 소수를 전복해버릴지도 모른다는 계속적인 위협이 따르고 있다. 게다가 오직 두려움 때문에 행하는 복종으로는 잘 이루어질 수 없는 일들이 많이 있다. 따라서 힘에 의한 공포에 근거를 둔 복종을 인간 내부에서 우러나오는 복종으로 변화시켜야 한다. 즉 인간은 불복종하기를 두려워하는 대신 스스로 복종을 원하고 심지어 이를 필요로 하도록 만들어야 한다. 이렇게 하기 위해서는 권력은 전선(全善)하고 전지전능한 능력을 갖추어야 한다. 이렇게 될 때 비로소 권력은 불복종은 악이고 복종은 선이라고 주장할 수 있다. 이리하여 다수는 복종이 선이기 때문에 받아들이고 그들 자신이 비겁해서가 아니라 불복종이 악이기 때문에 불복종을 혐오하게 된다.[18]

불복종에 대한 거부감은 우리 사회 곳곳에 내면화되어 있다. 조직의

---

18 에리히 프롬, 문국주 역, "심리학적·도덕적 문제로서의 불복종", 『불복종에 관하여』 (범우사, 1987), 22.

이익에 반하는 목소리를 내는 사람은 쉽게 왕따를 당하고 내쳐진다. 암암리에 퍼져 있는 상식이란 허울을 쓴 관습은 그렇게 개인의 내면에 복종을 심어놓고, 불복종을 조직 내의, 또는 사회적인 '혼란'과 일치시킨다. 그걸 알아채는 것에서부터 불복종은, 또 우리의 자유는, 싹튼다.

자유와 불복종

타율적인 순종, 복종을 거부할 때 우리는 진정 자유로운 상태에 한발 다가갈 수 있다. 그것은 독립적인 인간으로 재탄생하는 과정이자 자유의지를 믿는 자유로운 인간이 되어가는 과정이다. 그래서 자유와 불복종은 한 몸이다.

한 인간은 권력에 대해 '아니오'라고 말하는 것을 배움으로써, 즉 불복종의 행위를 통해 자유로워질 수 있다. 그러나 불복종이 자유를 위한 조건인 동시에 자유 또한 불복종을 위한 조건이다. 만약 자유를 두려워한다면 감히 '아니오'라고 말할 수도 없을뿐더러 불복종할 용기도 가질 수 없게 된다. 사실 자유와 불복종의 능력은 불가분의 관계이다. 따라서 자유를 외치는 어떠한 사회적·정치적·종교적 체제도 불복종을 허락하지 않는 경우에는 결단코 진리를 말할 수 없다.[19]

한국 사회에서는 '자유'라는 단어가 너무 오용되고 있다. 극우에서 극좌까지 너 나 할 것 없이 자유란 단어를 즐겨 사용한다. 그러다 보니 자유의 본래 의미는 퇴색되었고, 그만큼 힘을 잃었다. 나와 내 편의 자유만을 얘기할 뿐 상대방의 자유는 억압하려 한다. 불복종을 허하지 않는 것이다. 프롬의 말처럼 자유를 외치는 체제가 불복종을 허락하지 않는 것은 모순이다. 불복종을 허락하지 않는 자유는 단지 허울에 불과하다. 한국 사회는 오랫동안 레드 콤플렉스에 시달려왔고, 이젠 '종북몰이'에 재미를 붙인 모양새다. 정권에 대한 '불복종'이 곧바로 '종북'으로 둔갑하는 척박한 토양에 '자유'가 발 디딜 틈은 없다. 그렇게 우리의 자유는 유린되고 힘을 잃어간다.

자유는 불복종과 떼려야 뗄 수 없는 관계다. 자유가 있어야 불복종이 터를 잡을 수 있고, 불복종이 자유를 키운다. 자유와 불복종은 필요충분조건이다. 그러나 이 사회는 불복종을 허하지 않기에 자유로운 사회가 아니다. 심지어 자유로운 사회를 논할 때 금기어를 사용하는 것만으로도 자유를 침해당하기 쉽다. '종북' 혐의는 천라지망처럼 언제 어디서든 우리를 가둘 수 있다. 그런 의미에서 지금 한국 사회는 자유로운 사회라고 말할 수 없다. 불복종을 허락할 수 있는지가 한 사회의 자유로움을 측정하는 하나의 척도다. 그 전에 또 하나의 척도가 있다. 사상과 표현의 자

---

19 같은 책, 21-22.

유다. 1960년에 김수영이 쓴 「김일성 만세」란 시가 있다.

　'김일성 만세'
　한국의 언론자유의 출발은 이것을
　인정하는 데 있는데

　이것만 인정하면 되는데

　이것을 인정하지 않는 것이 한국
　정치의 자유라고 장면(張勉)이란
　관리가 우겨대니

　나는 잠이 깰 수밖에[20]
　　　　_「김일성 만세」

　당시에도 발표되지 못했던 이 시가 60여 년이 흐른 지금 과연 통용될
수 있을까? 답은 '아니오'다. '김일성 만세'가 파괴력이 큰 금기어인 탓이
다. 나 역시 '김일성'이란 단어를 쓰면서 깨달은 게 있다. '김일성'이란 단

20　강신주, 김서연 만듦,『김수영을 위하여』(천년의상상, 2012), 18-19에서 재인용.

어를 태어나 처음 써봤다는 것이다. 오랜 기간 누적된 자기검열 탓이다. 이 시를 한 대학의 강연장에서 소개한 강신주 역시 청중들에게서 나와 비슷한 반응을 읽었다.

시를 읽고 나서, 강연장을 가득 메운 교직원과 학생들의 얼굴을 훑어보았다. 아! 무엇인가 잘못되었다. 대부분 사람들의 얼굴에는 불쾌한 표정이 역력했다. '김일성 만세'라는 첫 구절도 그렇지만 '김일성'이란 단어가 나온 것 자체로 당혹감을 느낀 것이 분명했다.…시를 설명하자 청중들의 얼굴 표정은 조금씩 밝아졌다. 정확히 말해 국어교과서에도 실린 김수영이 지은 시라고 하니까, 그제야 안심이 되는 모양이었다. 청중들이 안도하는 모습을 보자, 나는 마음이 너무나 무겁고 괴로웠다. 김수영이 시를 쓴 지 50년이 지난 지금도 우리 내면은 달라진 것이 별로 없다는 사실에 너무나 허탈했다. 금욕주의로 자신을 검열하는 사람은 성기(性器)를 가리키는 말을 접하는 순간 불쾌감을 느끼기 마련이다. 마찬가지로 「김일성 만세」라는 시를 듣고 청중들이 불쾌감을 느끼는 것은 그들 내면에 모종의 검열 체계가 작동한다는 증거다. 아직도 우리는 6·25전쟁이란 망령에 포획된 일종의 반공포로인 셈이다. 정권을 공격하면 김일성으로 상징되는 북한 정권을 지지하는 것으로 간주되는 악몽으로부터 아직 깨어나지 못한 것이다.[21]

---

21 같은 책, 19-20.

모종의 검열 체계는 달리 말하면 내면화된 복종이라 할 수 있다. 과거에도 마찬가지지만 만약 이 시를 지금 발표했다고 가정해보자. 곧장 '종북'으로 몰릴 것이다. 국가보안법 위반으로 국정원과 검찰이 수사에 들어가는 것은 물론이고 극우단체가 그의 집 앞에 몰려갈 것이며 여론 재판이 이뤄질 것이다. 당연하게 여겨지는 수순이지만 실은 전혀 당연한 일이 아니다.

사상과 양심의 자유, 표현의 자유가 허락되는 사회만이 진정 자유로운 사회라 말할 수 있다. 미국의 독립언론인 이지 스톤은 "자유로운 나라는 다른 의견을 갖기를 두려워하는 토끼 같은 겁쟁이들이 우글거리는 나라가 아니다.…언론의 자유가 너무 많아서 전복된 나라는 하나도 없다"라고 말했다.[22] 아직 우리는 그런 사회에 도달하지 못했다. 무수히 많은 내부검열을 거쳐야만 자신의 생각을 표현할 수 있는 사회가 되었고, 설사 그 생각을 표현하더라도 여론의 집중포화를 견뎌내야 한다. 그래서 어떤 생각을 드러내는 데만도 대단한 용기가 필요하고, 그 행동 자체가 불복종으로 간주된다. 사상과 양심의 자유, 표현의 자유가 억압될 때 수많은 불복종자들이 탄생하는 건 어쩔 수 없는 현상일 것이다.

---

22 마이라 맥피어슨, 이광일 역, 『모든 정부는 거짓말을 한다』(문학동네, 2012), 632.

수치심이 분노로, 분노는 불복종으로

인간은 수치심을 느낄 줄 안다. 오직 인간만이 가진 속성인 수치심은 불복종을 불러일으키는 강한 심리적 기제가 된다. 『탐욕의 시대』에서 장 지글러는 수치심에 대해 이렇게 말한다.

> 수치심은 도덕을 구성하는 기본 요소 중 하나다. 수치심은 인간으로서의 자각과 불가분의 관계에 있다. 상처를 받거나 배가 고프거나 궁핍함으로 인한 모욕감 때문에 심신이 괴롭다면, 나는 고통을 느낀다. 나 아닌 다른 인간에게 가해진 고통을 바라볼 때도 나는 나의 의식 속에서 얼마간 그 사람의 고통을 함께 느끼며, 그로 말미암아 내 안에 연민의 감정이 생겨나고, 도와주고 싶은 연대감이 발동하며, 동시에 수치심을 느낀다. 이렇게 되면 내 안에서는 행동하라는 부추김이 일어나게 된다.[23]

수치심이 사라진 자리에는 불복종도 태동하기 힘들다. 개인의 사상과 신념, 양심에 비추어 사회에서 일어나는 일에 대해 수치심을 느끼지 못한다면 불복종은 자랄 수 없다. 문제는 이러한 수치심을 느끼는 기준

---

23 장 지글러, 양영란 역, "들어가는 말: 다시 연대만이 희망이다", 『탐욕의 시대』(갈라파고스, 2008), 13.

이 점점 후퇴하고 있다는 점이다. 과거에는 분명 부끄러워했던 일이고, 그 수치감 때문에 분노와 반발이 일어났지만 지금은 부끄러워해야 할 일에도 무감해진 듯한 느낌이다. 부끄러워해야 할 일을 저지르고도 부끄러운 줄 모른다면 분노의 감정은 일어나지 않는다.

이명박 정부의 첫 조각 때 '강부자 내각' 등등의 말들이 오갔다. 장관 후보자들은 도덕적 흠결, 실정법 위반 의혹에도 '공인'인 장관으로 임명되어 국민 위에 군림했다. 오죽하면 흠결이 장관이 되기 위한 필수요건이란 말도 떠돌았다. 그들은 부끄러워하지 않았다. '당시 관행이었다', '몰랐다', '기억나지 않는다', '유감이다' 등등의 말의 성찬으로 그 상황을 벗어나 장관이 되고 고위공직자가 되었다. 사정이 이렇다 보니 이제 웬만한 부정으로는 장관 후보 자리에서 탈락하지 않는 지경에 이르렀다. 그래서 이해찬은 이명박 정권을 가리켜 '파렴치, 몰염치, 후안무치'하다는 뜻에서 3치 정권으로 부르기도 했다.

이명박 정부 때 인사 기준이 낮아진 탓에 우리 정부의 인사 기준 자체가 후퇴했다는 느낌을 지울 수 없다. 다운계약서 등이 고위공직자가 되기 위한 필수과목이란 자조 섞인 한탄이 나오고 있다. 이처럼 분명 권력에 의해 자행된 일을 부끄러워해야 하는 상황에서도 부끄러움이라는 감정 자체를 느끼지 못한다면 불복종은 태동하지 못한다. 맞서야 할 대상이 모호하고, 싸울 이유도 분명하지 않기 때문이다. 마치 전선이 불명확하고, 전의도 상실한 상태 같다. 그래서 장 지글러는 "투쟁은 아는 것에서 출발하며, 투쟁을 통해서만이 자유와 행복을 추구할 수 있는 물질적인 조건을 획득할 수 있다"라고 말한다. 그러면서 그는 "지식인의 의무는 현실을 있는 그대로 증언하는 것이다. 지식인의 의무는 민중을 현혹시키는 것이 아니라 이들을 무장시키는 것이다"라는 레지스 드브레(Régis Debray)의 말을 인용한다.[24]

지식인의 의무까지 갈 것도 없다. 불합리한 현실에, 탄압받는 사람들의 모습 때문에 수치심을 느끼고 있다면 그러한 감정은 곧잘 분노로 이어진다. 분노는 불복종의 엔진이다. 수치심으로부터 생겨난 분노가 불복종을 불러일으킨다. 무감과 무관심은 순응과 순종, 복종으로 변태한다. 소로우 역시 수치심에 대해 얘기한다.

오늘날 이 미국 정부에 대하여 어떻게 처신하는 것이 한 인간으로서 올바른 자세일까? 나는 대답한다. 수치감 없이는 이 정부와 관계를 가질 수 없노라고 말이다. 나는 노예의 정부이기도 한 이 정치적 조직을 나의 정부로 단 한 순간이라도 인정할 수 없다. 모든 사람이 혁명의 권리를 인정한다. 다시 말해서, 정부의 폭정이나 무능이 너무나 커서 참을 수 없을 때는 정부에 대한 충성을 거부하고 정부에 저항하는 권리 말이다. 그러나 거의 모든 사람들이 지금은 그런 경우가 아니라고 말한다.[25]

---

24 같은 책, 17.

소로우의 마지막 말에 주목하자. 우리는 불복종을 유보해왔다. 지금은 1987년 6월 항쟁 같은 경우가 아니라고 말이다. 그러나 불복종에 대한 그런 유예와 유보가 더 큰 불의를 불러일으키기 마련이다. 결국 불복종도 대세에 순응할 때만 태동할 수 있는 것인가. 1987년 6월 항쟁이나 2008년 미국산 쇠고기 수입에 반대하는 촛불시위처럼 하나의 거대한 물결과 같이 불복종이 넘실거릴 때만, 불복종이 하나의 흐름이 되었을 때만 불복종할 수 있는 것인가. 하지만 그런 흐름은 사람들의 내면에 수치심과 분노가 조금씩 생겨나고, 그로 말미암은 불복종 행위가 하나둘씩 쌓인 결과로 나타난다. 바로 지금 벌어지고 있는 불합리와 부조리, 불의를 부끄러워하고, 그에 민감하게 반응한 결과라는 얘기다.

한국 사회의 내부고발자들이 그랬다. 그들은 내부의 불의를 고발할 때까지 회의했고, 의심했으며, 결국 분노했다. 윤석양 이병은 프락치가 된다는 사실에 수치심을 느껴 기무사의 민간인 사찰을 폭로했고, 이지문 중위는 군 부재자 투표에서 부정선거가 일어나는 상황에 분노했다. 이문옥 감사관은 삼성에 대한 감사가 갑자기 중단된 것에, 한준수 전 연기군수는 관권 부정선거에 분노해 내부고발을 했다. 김용철 변호사는 삼성의 전방위적인 비리에 가담한 데 부끄러움을 느껴 삼성의 비리를 고발했고, 한국건설기술연구원 김이태 박사는 4대강 사업이 실제로는 대운하 사업

---

25 헨리 데이빗 소로우, 강승영 역, "시민의 불복종", 『시민의 불복종』(이레, 1999), 16.

인데도 이를 호도하는 정부에 반발하여 양심선언을 했다. 국무총리실 장진수 주무관은 국무총리실의 민간인 사찰을 폭로했고, 김영수 전 해군 소령은 군대 간부들의 군납 비리를 폭로했다. 양심선언 혹은 내부고발의 여파는 컸다. 고발자 개인에게는 대부분 불이익이 주어졌다. 직장을 잃고, 법적인 처벌을 받아야 했다. 그러나 이들 덕분에 한국 사회의 부정부패와 비리가 알려졌고, 조금씩 진보가 이루어지고 있다.

의심하고 회의하고 성찰할 줄 아는 능력을 갖춘 사람이, 즉 자유롭고 독립적인 인간이 불복종에 나선다. 때로 그 선택은 오로지 개인의 몫으로 남지만 때로는 온 사회에 영향을 끼친다.

우리는 '을'이 아니라 '들'이다

나로서는 이러한 정부에 복종하는 것보다는 차라리 불복종의 처벌을 받는 것이 모든 면에서 잃는 것이 적다. 정부에 복종할 경우, 나는 자신의 가치가 전에 비해 떨어짐을 느끼게 될 것이다.[26]

소로우는 불복종이 자신의 가치를 지키는 행위라 여겼다. 자신의 가

---

26 같은 책, 37-38.

치란 곧 인간으로서의 존엄성과도 일맥상통한다. 자유롭지 못한 사회에서 불복종을 전면에 내거는 건 때로 목숨을 내놓아야 하는 일이다. 신분상의 불이익, 경제적인 불이익 등 유·무형의 불이익도 감수해야 한다. 사람들의 손가락질도 견뎌내야 한다. 하지만 그것은 인간으로서의 존엄성, 자신의 양심을 지키는 일이다.

에리히 프롬은 "조직화된 인간은 불복종의 능력을 잃게 되고 심지어 자신이 복종하고 있다는 사실조차 모르게 된다. 역사상 이 시점에서 회의하고, 비판하고, 불복종하는 능력이야말로 인류 문명의 종말을 막을 수 있는 모든 것이리라"고 말한다.[27] 한 사회의 퇴행을 막기 위해선 불복종이 필요하다. 회의하고 비판하고 불복종하는 능력이 필요하다. 그 능력이 사회를 건강하게 만들고, 인간을 부정부패와 비리로부터, 개인의 양심을 억압하는 모든 압제로부터 해방시킨다.

불복종은 자신만의 삶을 살아가며, 나뿐만 아니라 타인의 삶까지 억압하는 것들에 대해 분연히 맞서는 행위다. 삶에 대한 사유와 성찰이 바탕이 되고, 수치심과 분노가 원동력이 되어 일어나는 게 불복종이다. 불복종은 자유롭고 독립적인 인간의 숙명이다. 그래서 소로우는 이런 결연한 말을 남겼을 것이다.

---

27 에리히 프롬, 문국주 역, "심리학적·도덕적 문제로서의 불복종", 『불복종에 관하여』
(범우사, 1987), 23.

나는 누구에게 강요받기 위하여 이 세상에 태어난 것은 아니다. 나는 내 방식대로 숨 쉬고 내 방식대로 살아갈 것이다. 누가 더 강한지는 두고 보도록 하자.[28]

이 사회를 유지하는 권력의 힘은 불복종자의 힘보다 세다. 그럼에도 끊임없이 출현한 불복종자들의 행위가 인류를 진보로 이끌었다. 이것이 불복종의 행위에 희망을 갖는 이유고, 개인의 자유와 독립을 억압하는 수많은 기제로 둘러싸인 이 사회에 불복종이 필요한 이유다.

민권운동에 참여하고, 전쟁에 반대하고, 평생 미국의 위선과 오만을 비판하는 일에 매진해온 하워드 진도 이런 불복종에 희망을 걸었고, 시민들의 불복종이 이 사회를 조금 더 자유로운 사회로 이끌었다고 믿었다. 그는 "우리의 자유가 신장됐다면, 그것은 전쟁이나 정부가 행한 어떤 일 때문이 아니라 시민들이 행한 어떤 일 때문에 그렇게 된" 거라며 이렇게 말한다.

이런 사실을 가장 잘 보여주는 사례가 미국 흑인들의 역사, 노예제도와 인종차별의 역사입니다. 노예제도를 폐지하자는 운동을 시작한 것은 정부가 아니라, 노예제도 폐지를 주장했던 흑인들과 백인들입니다. 1950년대에 인종차별에 맞서 투쟁하자고 말한 것은 정부가 아니라, 남부에서 민권운동을

---

28 헨리 데이빗 소로우, 강승역 역, "시민의 불복종", 『시민의 불복종』(이레, 1999), 40-41.

벌이던 사람들이었습니다. 하루에 열두 시간 일하지 않고 여덟 시간만 일할 자유를 가져다준 것도 정부가 아닙니다. 노동조합을 결성하고, 파업을 전개하고, 경찰과 대치한 노동자들 자신이 바로 그렇게 만들었습니다. 정부는 항상 우리의 반대편에 서 있었습니다. 정부는 언제나 고용주들과 기업들을 지지했던 것이죠. 노동자들의 자유, 흑인들의 자유는 늘 정부에 맞선 사람들의 투쟁으로 얻어졌습니다. 따라서 역사를 되돌아본다면, 확실히 우리는 정부에게 우리의 자유를 지켜달라고 의지해서는 안 됩니다. 우리는 우리 자신의 조직된 힘에 의지해야 합니다.[29]

딴은 그렇다. 권력을 잡은 소수가 퍼뜨리는 온갖 강자의 논리와 지배이데올로기에 맞서는 시민불복종은 이 사회를 자유롭고 민주적인 사회로 만들어왔다. 그와 함께 인권은 신장되었고, 개인은 좀 더 자유로워졌다. 그러나 개인을 억압하는 기제는 더 다양해지고 은밀해졌다. 복종이 순응으로 둔갑하고, 복종의 내면화가 끊임없이 이뤄지고 있는 것이다. 이때 필요한 것이 '깨어 있는 개인'이다. 토마스 제퍼슨의 말처럼 "자유의 대가는 영원한 불침번"이기 때문이다.[30]

하워드 진은 미국에서 민주주의가 뒷걸음치는 절망적인 상황에서도

---

29 하워드 진, 이재원 역, 『불복종의 이유』(이후, 2003), 143-144.
30 하워드 진, 이아정 역, 『오만한 제국』(당대, 2001), 229.

희망을 보았다. 역사적 사건을 연구하고, 직접 행동에 옮김으로써 얻은 결론이었다. 그래서 그는 "좋지 않은 시대에 희망을 갖는다는 것은 단지 어리석은 낭만주의만은 아니다. 그것은 인류의 역사가 잔혹함의 역사만이 아니라, 공감·희생·용기·우애의 역사이기도 하다는 사실에 근거한 것"이라며 "인간이 살아가야 한다고 생각하는 바대로, 우리를 둘러싼 모든 나쁜 것들에 도전하며 현재를 산다면, 그것 자체로 훌륭한 승리가 될 수 있다"[31]고 말한다.

비록 현재는 실패할지언정 깨어 있는 개인, 자유롭고 독립적인 인간의 불복종이 누적되면서 이 사회의 부조리가 드러나고, 갑자기 사람들의 뜻이 모여 이 사회가 바뀐다. 그 불복종 자체가 훌륭한 승리가 될 수 있는 것이다. 사람'들'이 행동함으로써 말이다.

우리 대다수는 '을'이다. 권력과 자본을 갖고 있는 소수가 '갑'이다. 갑을 관계가 항상 확실히 나뉘는 것은 아니지만 어쨌든 '을'은 다수고 '갑'은 소수다. 그래서 우리는 '을'이기도 하지만 '들'이기도 하다.

하워드 진의 말처럼 시민들의 불복종 행동 덕분에 우리의 자유가 신장됐다. 즉 우리는 '을'이자 '들'인 사람들에 의해 더 많은 자유를 얻었다. 마찬가지로 자유롭고 독립적인 인간, 지금 이 사회와 내 삶에 대해 사유하고 성찰하는 인간이 많아지고, 그들의 작은 행동, 작은 불복종에 사람

---

31 하워드 진, 유강은 역, 『달리는 기차 위에 중립은 없다』(이후, 2002), 288-289.

들이 공감하고 연대할 때 개인은 좀 더 자유로워지고, 이 사회 역시 진보
할 것이다.

난 그렇게 믿는다.

참고문헌

▌1장

김선주, 『이별에도 예의가 필요하다』(한겨레출판, 2010)
올더스 헉슬리, 『멋진 신세계』(소담출판사, 1997)
조지 오웰, 『1984』(민음사, 2003)
조지 오웰, 이한중 역, 『나는 왜 쓰는가』(한겨레출판, 2010)
프리모 레비, 이현경 역, 『이것이 인간인가』(돌베개, 2007)
황현산, 『밤이 선생이다』(문학동네, 2013)

▌2장

밀턴 마이어, 『그들은 자신들이 자유롭다고 생각했다』(갈라파고스, 2014)
박흥용, 『구르믈 버서난 달처럼』(바다그림판, 2007)
수전 캠벨 바톨레티, 손정숙 역, 『히틀러의 아이들』(지식의풍경, 2008)
조지 오웰, 『카탈로니아 찬가』(민음사, 2001)
조지 오웰, 도정일 역, 『동물농장』(민음사, 2003)
조지 오웰, 『나는 왜 쓰는가』(한겨레출판, 2010)
하워드 진, 이아정 역, 『오만한 제국』(당대, 2001)

3장

리영희, 『스핑크스의 코』(까치, 1998)

마루야마 겐지, 김난주 역, 『나는 길들지 않는다』(바다출판사, 2014)

마루야마 겐지, 김난주 역, 『인생 따위 엿이나 먹어라』(바다출판사, 2013)

에티엔 드 라 보에시, 심영길·목수정 역, 『자발적 복종』(생각정원, 2015)

조지 오웰, 『동물농장』(민음사, 1998)

최규석, 『지금은 없는 이야기』(사계절, 2011)

최규석, 『울기엔 좀 애매한』(사계절, 2010)

4장

김선주, 『이별에도 예의가 필요하다』(한겨레출판, 2010)

밀턴 마이어, 박중서 역, 『그들은 자신들이 자유롭다고 생각했다』(갈라파고스, 2014)

박용현, 『정당한 위반』(철수와영희, 2011)

에리히 프롬, 김석희 역, 『자유로부터의 도피』(휴머니스트, 2012)

에티엔 드 라 보에시, 심영길·목수정 역, 『자발적 복종』(생각정원, 2015)

한나 아렌트, 김선욱 역, 정화열 해제, 『예루살렘의 아이히만』(한길사, 2006)

5장

리영희, 『우상과 이성』(한길사, 1980)

모니카 페트 글, 안토니 보라틴스키 그림, 김경연 역, 『행복한 청소부』(풀빛, 2000)

목수정, 『뼛속까지 자유롭고 치맛속까지 정치적인』(레디앙, 2008)

박용현, 『정당한 위반』(철수와영희, 2011)

이성복, 『정든 유곽에서』(문학과지성사, 1996)

하워드 진, 앤서니 아노브 엮음, 윤태준 역, 『역사를 기억하라』(오월의봄, 2013)

6장

권정생, 『우리들의 하느님』(녹색평론사, 1996)

김두식, 『헌법의 풍경』(교양인, 2004)

리영희, 『우상과 이성』(한길사, 1980)

마루야마 겐지, 김난주 역, 『나는 길들지 않는다』(바다출판사, 2014)

박노자, 『박노자의 만감일기』(인물과사상사, 2008)

슈테판 츠바이크, 안인희 역, 『다른 의견을 가질 권리』(바오, 2009)

에리히 프롬, 김석희 역, 『자유로부터의 도피』(휴머니스트, 2012)

장하성, 『왜 분노해야 하는가』(헤이북스, 2015)

하워드 진, 김민웅 역, 『왜 대통령들은 거짓말을 하는가?』(일상이상, 2012)

한나 아렌트, 심영길·목수정 역, 『예루살렘의 아이히만』(한길사, 2006)

7장

강수돌, 『경쟁은 어떻게 내면화되는가』(생각의나무, 2008)

금태섭, 『확신의 함정』(한겨레출판, 2011)

목수정, 『뼛속까지 자유롭고 치맛속까지 정치적인』(레디앙, 2008)

버트런드 러셀, 이재황 역, 『종교는 필요한가』(범우사, 1987)

수전 캠벨 바톨레티, 손정숙 역, 『히틀러의 아이들』(지식의풍경, 2008)

엄기호, 『교사도 학교가 두렵다』(따비, 2013)

에리히 프롬, 김석희 역, 『자유로부터의 도피』(휴머니스트, 2012)

오찬호, 『우리는 차별에 찬성합니다』(개마고원, 2013)

전쟁없는세상 엮음, 『저항하는 평화』(오월의봄, 2015)

정태춘, 『노독일처』(실천문학사, 2004)

8장

강신주, 『김수영을 위하여』(천년의상상, 2012)

마이라 맥피어슨, 이광일 역, 『모든 정부는 거짓말을 한다』(문학동네, 2012)

에리히 프롬, 문국주 역, 『불복종에 관하여』(범우사, 1987)

장 지글러, 양영란 역, 『탐욕의 시대』(갈라파고스, 2008)

하워드 진, 이아정 역, 『오만한 제국』(당대, 2001)

하워드 진, 이재원 역, 『불복종의 이유』(이후, 2003)

하워드 진, 유강은 역, 『달리는 기차 위에 중립은 없다』(이후, 2002)

하워드 진, 문강형준 역, 『권력을 이긴 사람들』(난장, 2008)

헨리 데이빗 소로우, 강승영 역, 『시민의 불복종』(이레, 1999)

불온한 독서
자유롭고 독립적인 인간의 길

Copyright ⓒ 아거 2017

1쇄발행_ 2017년 1월 6일

지은이_ 아거
펴낸이_ 김요한
편   집_ 왕희광·정인철·최율리·박규준·노재현·한바울·유진·신준호
         신안나·정혜인·김태윤
디자인_ 서린나·송미현·이지훈·이재희·김민영
마케팅_ 이승용·임성배
총   무_ 김명화·최혜영
영   상_ 최정호·조용석

아카데미_ 유영성·최경환·이윤범

홈페이지 www.hwpbooks.com
이메일 hwpbooks@hwpbooks.com
출판등록 2008년 8월 21일 제2008-24호
주소 (우) 07214 서울특별시 영등포구 양평로 11, 4층(당산동 5가)
전화 02) 2652-3161
팩스 02) 2652-3191

ISBN 979-11-86409-89-3 03300
책값은 뒤표지에 있습니다.

이 책은 저작권법에 따라 보호받는 저작물이므로 저작권자와 출판사의 동의 없이
이 책의 전부 또는 일부 내용을 복제하거나 다른 용도로 사용할 수 없습니다.

이 도서의 국립중앙도서관 출판시도서목록(CIP)은 서지정보유통지원시스템 홈페이지
(http://seoji.nl.go.kr)와 국가자료공동목록시스템(http://www.nl.go.kr/kolisnet)에서
이용하실 수 있습니다(CIP제어번호: CIP2016032664).